犹太人育儿经

一本书读懂
犹太家教智慧

西蒙◎著

江西人民出版社
Jiangxi People's Publishing House
全国百佳出版社

图书在版编目（CIP）数据

犹太人育儿经/西蒙著.--南昌：江西人民出版

社，2016.8

ISBN 978-7-210-08528-7

Ⅰ．①犹… Ⅱ．①西… Ⅲ．①犹太人－家庭教育

Ⅳ．①G78

中国版本图书馆CIP数据核字(2016)第120721号

犹太人育儿经

西蒙 / 著

责任编辑 / 王华

出版发行 / 江西人民出版社

印刷 / 北京柯蓝博泰印务有限公司

版次 / 2016年8月第1版

2018年8月第3次印刷

880毫米×1280毫米　1/32　7.625印张

字数 / 205千字

ISBN 978-7-210-08528-7

定价 / 32.00元

赣版权登字-01-2016-344

如有质量问题，请寄回印厂调换。联系电话：010-64926437

前　言
Preface

　　犹太民族在人类文明史上占有很重要的地位。他们拥有自己国家的历史并不长，却为人类文明作出了巨大贡献。

　　迄今为止，世界上获得诺贝尔奖的科学家中，有 17% 是犹太人；美国富翁中，有 2% 是犹太人；世界十大哲学家中，有 8 人是犹太人；至于犹太艺术家，更是数不胜数。他们超凡的智慧和才能，令世人感叹折服。璀璨的犹太政坛巨子、艺术精英、科学巨擘、思想大师、巨富大亨，诸如伟大的革命导师马克思、科学巨擘爱因斯坦、精神分析学家弗洛伊德、音乐巨匠门德尔松、艺术大师毕加索、20 世纪的著名犹太人"原子弹之父"奥本海默、传奇政商哈默、美国前国务卿基辛格博士、"好莱坞叛逆之星"霍夫曼、以色列的倔老头沙米尔、以色列总理沙龙等，这些人给犹太人披上了神秘的面纱。

　　犹太民族为什么能造就这样一批空前绝后的伟人与名人，一切源于他们良好的家庭教育和成功的教子方法。

　　以色列国家教育法规定，所有家庭中 5-16 岁的少年儿童必须接受义务教育，如果本人愿意，到 18 岁还可以享受国家免费教育。由此可见，重视教育是犹太人的基本特点。

　　《犹太人育儿经》全面总结犹太民族教子方法和育儿经验，其中有故事有解读，内容通俗，值得中国父母参考借鉴。

　　书中难免错谬之处，敬请批评指正！

目 录
Contents

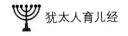
第3章　不要让未来的你，讨厌现在的自己
——犹太人如何进行成功学教育

第4章 做好人，说好话，存好心
——犹太人怎样进行品格教育

第5章 有些路啊，走下去才知道有多美
——犹太人怎样进行生活教育

第6章 你的身体，是一切美好的开始
——犹太人如何教孩子爱护健康

第7章 交对朋友，事就成了
——犹太人如何进行人际关系教育

第 8 章 别太单纯，也别太不单纯
——犹太人如何进行处世教育

第 9 章 别抱怨，人生没有太晚的开始
——犹太人怎样教孩子学会生存

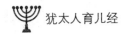

第**10**章 拆掉思维的墙，打造最强大脑
——犹太人如何教孩子发展智力

第**11**章 别为小事抓狂，整理是一切的开始
——犹太人如何教孩子培养好习惯

第12章 3岁对了，一辈子就对了
——犹太人如何进行早期教育

第 **1** 章

30 年后，你拿什么养活自己

——犹太人如何进行财商教育

理财有道。你不理财，财不理你；你若理财，财可生财。理财是为明天的生活存储今天的财富。赚钱是你为金钱打工，理财是金钱为你打工。今日的准备，决定未来的 30 年。

即便是一分钱也不乱花

一滴水不算多，一滴一滴汇成河，一粒米不算多，一粒一粒堆成垛。

犹太人从小就培养孩子学会节约。

犹太拉比经常这样讲：习惯是一种动力定型，是长期积累和强化的结果。孩子从小就应养成勤俭节约的好习惯，如在幼儿园时应自觉爱惜食品、玩具、图书和衣物。小学阶段应养成不乱花钱的习惯，爱惜粮食和学习、生活用品，爱护公物等。中学阶段应养成生活节俭，不摆阔气，不乱花钱，不向父母提出超越家庭经济条件的要求等。

犹太父母经常通过给孩子讲故事来教育他们养成勤俭的好习惯。

有个犹太工匠手艺很好，做出来的东西不但精巧，而且耐用，所以生意很好，赚的钱也不少。可是工匠好吃、好穿、好玩，因而钱虽然赚得不少，却老是不够用。工匠有个邻居，是个大富翁。他听人说这个富翁原来很穷，后来不知怎么的，钱就渐渐多了起来。工匠便想去请教富翁，问他应该如何才能有钱？

到了富翁家，他先说明来意。富翁听了，微微一笑说："这个嘛！说来话长，却也很简单，你且等一等，让我先把灯熄了，再好好对你说。"说着，顺手就把灯关了。工匠原也是个聪明人，一看这个情形，马上便明白了，立刻高高兴兴地站起来，说："先生，谢谢你，我已经都明白了，原来致富之道就在于'勤俭'二字，是不是？"

勤俭节约是美德，也是致富之道。勤是勤劳，俭是节俭。卖力工作固然能增加收入，但还要懂得当用则用，当省则省，才能积聚财富。

犹太人在勤俭节约方面是这样教育孩子的：

一、利用各种机会，向孩子讲述勤俭节约是一种美德，讲述自己家庭勤俭节约的家史，让孩子从小就受到启发和教育

让他们知道历史上有多少富翁勤俭节约，一心扑在事业上，取得了伟大的成就，并且在史册上写下了光辉的篇章。这些一直为人们所传诵和称道，是教育孩子的好教材。让孩子懂得一粒米、一滴水、一度电来之不易，都是人们辛勤劳动换来的。

二、要让孩子真正地认识到勤俭节约的意义

要使孩子懂得，今天的好生活、好日子是来之不易的。教育孩子懂得节约一分钱、一粒粮食、一度电、一滴水的作用。一滴水不算多，一滴一滴汇成河；一粒米不算多，一粒一粒堆成垛。

教育孩子懂得浪费就是犯罪，节约就像是燕衔泥，浪费就好比是河决堤。如孩子从小不养成勤俭节约的习惯，将来危害社会不说，还会害父母、害自己。

三、从小事着手，在实践中锻炼，严格要求

在家里，父母应做好培养孩子勤俭节约的习惯，从小事做起，从眼前做起。不要让孩子乱花钱，该给的钱父母给，不该给的钱不给，即使小孩自己的压岁钱也不能让其乱花。使用学习用品要节约，一张纸写错了字，擦掉还可以用；生活上也要讲节约，衣服破了个洞，补好了还可以穿，人离去灯要熄灭等等。同时，要让孩子学会利用废旧物品。比如可用易拉罐做个花篮，将旧凉鞋剪成拖鞋等等。这样既可培养孩子的节约习惯，又是一种手工劳动练习。

四、父母要做孩子的榜样，以实际行动感染孩子

家长要具有良好的勤俭节约的习惯，如不具备，就要自己与孩子一起来养成节约的好习惯，勤俭治家，只有在勤俭节约的家庭环境熏陶下，才能培养孩子节约的好习惯。

五、指导孩子如何用零花钱

首先，家长给孩子零花钱要有计划，要限止数额，不要有求必应。其次，家长要过问孩子把钱花在了什么地方，每次给钱时，可让孩子说说上次的零花钱用在哪里。用得不当，应予批评，甚至暂停"援助"。另外，家长要鼓励孩子该用的地方要大大方方地用，能少用的就不要多用，能不用的尽可能不用。

钱不过是一块石头一张纸

以金钱作为基础的现代文明，其福祉远远大于弊端。金钱能够改变一个人的地位，但却改变不了一个人精神上的贫困。

犹太拉比在课堂上这样对学生说：经商思想是非常自由的，只要不违法，没有什么生意不可以做，没有什么钱不可以赚。金钱只有"辛苦钱"和"便宜钱"之别，并没有"干净"和"肮脏"之分。

一位无神论者来看望拉比。

"拉比，您好！"无神论者说。

"您好。"拉比回礼说。

无神论者拿出一个金币给拉比，他二话没说装进了口袋里。

"你想让我帮你做什么事呢？"拉比问，"也许你的妻子不能够生育，你想让我帮她祈祷。"

"不是的，拉比，我到现在为止还是一个人。"无神论者回答。

可是他又给了拉比一个金币，拉比二话没说就又装进了口袋。

"但是你总是有些事情想问我吧，"他说，"也许你犯下罪行，希望上帝能饶恕你。"

"不是，拉比，我一直安分守己，没有犯过任何罪行。"无神论者再次回答。

他又一次给拉比一个金币，拉比还是一句话没说又一次装进了口袋。

"也许你的生意不好，没有赚到大笔的金钱，希望我为你祈福。"拉比期待地问。

"不是，拉比，我从没有像今年这样赚如此多的钱。"无神论者回答。

奇怪的是，他又给了拉比一个金币。

"那你到底想让我干什么呢？"拉比迷惑地问。

"什么事都不干，真的什么事都不干，"无神论者回答，"我只是想看看一个人什么都不干，只拿钱能维持多长时间！"

"钱就是钱，不是别的东西。"拉比回答道："我拿着钱就像拿着一块石头、一张纸一样。"

在商业社会中，人成功的标志和自身价值的实现，更多的是依靠财富的多少来衡量。犹太人更是此中的佼佼者。但犹太父母经常教育自己的孩子说：要对钱保持一颗平常心，甚至把它视为一块石头，一张纸，一件再平常不过的东西。这样我们尽管孜孜以求地去获取它，但当失去它的时候，也不会痛不欲生。正是这种平常之心，使犹太人在惊涛骇浪的商海中临乱不慌，驰骋自如，更易取得最终的胜利。

无论在过去还是当代，即使在最艰难的二战时期，犹太人也从未放弃过对金钱的追求。当然，犹太人也不讳言金钱的消极功能，不可否认许多人为了金钱会做出危害社会、危害他人的违背道德甚至违法乱纪的事情来。但是犹太人认为：以金钱作为基础的现代文明，其福祉远远大于弊端。金钱能够改变一个人的地位，但却改变不了一个人精神上的贫困。

犹太人的思想是充实的，他们从来都只是把金钱看作一种手段而并不是命运的载体。尽管他们把金钱奉为世俗的万能的上帝，但他们并没有在金钱面前俯首称臣，成为金钱的奴隶。

赚钱就是为了享受生活

赚钱是至关重要的，但是一个人如果只知道赚钱和工作，而不知道休息的话，他就会失去人性。因此在假日里，人们应该真正脱离所有的工作羁绊，快乐地享受生活。

如果你问一个犹太人："人生最终的目的是什么？"

凭着我们对犹太人的认识，会认为他一定会回答："还不是为了赚钱？！"那就大错特错了。

事实上，相当多的犹太人一定会这样回答："人生的最终目的就是可以随心所欲地吃到美味可口的食物！"

如果你不服气，再进一步地追问："那么，人到底为什么工作呢？"

犹太人会毫不犹豫地这样告诉你："人就是为了吃到美味的食物而工作的呀！并不是为了储备做工的精力而吃东西！"

犹太人经常算这样一笔账："如果一个人一天工作8小时不休息，那么一天可赚400美元，而那样的话我的寿命将减少5年，按每年收入12万美元计算，5年我将减少60万美元收入。而如果我每天休息一小时，那我除损失每天1小时50美元外，将得到5年每天7小时工作所赚的钱。现在我已经60岁了，假设我按时休息还可再活10年，那么我将损失15万美元，15万和60万比，谁大呢？"

犹太人亡国两千多年，四海为家，备尝迫害虐待之苦，但他们手握世界商业界及金融界的经济大权为武器，令全世界的人们只能望其项背。因此犹太人为了炫耀他们的雄厚财力，最理想的时刻就是在豪华的晚宴之时。犹太人为了对朋友表示最高的敬意和伟大的友谊，交易完成后一定会邀请客人共进丰富的晚餐。进餐的场所，可以在家中，但更多地选择高级的豪华餐厅。犹太人把吃当作人生的目的，而在一日三餐之中，又以晚餐为重点。

犹太父母总是这样对孩子说：人生的乐趣几乎完全集中在晚餐的饭桌上，因此绝不能够五分钟、十分钟就把所有的味道品尽，所以犹太人的晚餐至少花费两小时以上。他们绞尽脑汁，用尽一切方法把辛辛苦苦赚来的大笔金钱，毫不吝啬地花在丰盛的晚餐上，借此领略人生的乐趣，享受生活。

赚钱，是为了更好地休息和享受。所以，人应该在工作之余，学会好好休息。生活很紧张，有很多人常常为了努力工作赚钱达到自己的奋斗目标，而逐渐远离自己本来所拥有的生活。犹太人认为，乍见之下，忙碌似乎是一种努力工作、努力学习的精神，其实并不是这样，忙碌并不值得称赞，只有有效率的工作学习才值得大家赞扬。为此，犹太人喜欢穿上笔直挺拔的晚礼服，温文尔雅地步入豪华的餐厅，享受一顿丰富的盛筵。

犹太人在工作时可以拼命地赚钱，但在闲暇时间则非常重视自己的度假。因为赚钱就是为了享受。犹太人恐怕是世界上拥有假日最多的民族，遍布世界各地的犹太人也很自然地把度假当成是自己生活的一部分。在享受假日时，犹太人从不谈论有关工作的事，不阅读有关工作的书，不思考有关工作的问题，也不制定有关工作的计划，他们唯一做的事就是全身心地放松和娱乐。

在犹太人心中，赚钱是至关重要的，但是一个人如果只知道赚钱和工作，而不知道休息的话，他就会失去人性。因此在假日里，人们应该真正脱离所有的工作羁绊，快乐地享受生活。

《塔木德》上写着："由人来安排假期，而不是由假期来控制人。"因为在犹太人的心中，解放自己的日子，才是真正的假日。如果一个人在 8 小时的工作之余还在为工作烦恼，或者把工作带回家来做，他是很不幸的，因为他牺牲了和家人团聚和自己休息的时间，这是得不偿失的。

要零花钱就必须好好干活

勤勉或懒惰很少来自一个人的本性，很少有人一生下来就是辛勤的工作者，也很少有人是天生的懒惰虫，而大多数人的勤勉或懒惰都是习惯所致。

犹太人认为，勤勉或懒惰很少来自一个人的本性，很少有人一生下来就是辛勤的工作者，也很少有人是天生的懒惰虫，而大多数人的勤勉或懒惰都是习惯所致。此外，孩童时期的家庭环境以及所受的教

育，也都有很大的影响。

勤勉有两种：一种是外力强迫的勤勉，另一种是自愿的勤勉。

在贫穷时代里，犹太人为了生活，咬紧牙关辛勤工作，在非常恶劣的环境中，长时间地从事体力劳动，因为如果不这样的话，便无法维持生活。

这是一种很让人不情愿的勤勉，唯有自觉的勤勉才能真正长久地坚持下去，成为一种良好的习惯。

因而在犹太人的家庭里，犹太人的父母很注意培养子女的这种勤勉，比如父母们经常会给他们的小孩一份清单：

"吉米拖地15美分，收拾好自己的床铺10美分，清除花园的杂草20美分。"

"玛丽插花10美分，洗碗10美分，收拾房间30美分。"

父母告诉孩子们这就是他们的零花钱。要零花钱就必须自己好好干活，不然就不能得到他想要的零花钱。如果他想得到更多的零花钱，那他就只有在家里干更多的活，父母不会随便地给他们钱，目的就是鼓励他们多干活。

犹太父母们这样做的意图很明显，就是要孩子们知道只有努力干活才可以得到收获，而懒惰的人是什么也得不到的。这样，等到这些孩子长大了，大多都能勤奋工作。

因而，犹太民族的勤勉和任劳任怨的程度是其他民族的人少见的，犹太人里有不少是"工作狂"，他们的敬业精神让其他民族的人敬服。

实际上，所有人要想获得成功，必须经过超人的顽强奋斗，一般性的奋斗是很难成功的。

犹太民族是世界最努力的民族，犹太人似乎是一群从来不知道疲倦的辛苦工作的人，他们可以在长期的工作中忍辱负重地工作而没有丝毫的怨言。在犹太巨富的身上人们可以看到，他们一般都可以长期默默地埋头工作而不为外人所知晓，人们似乎早已经忘记了他们，而他们也似乎和这个世界没有任何关系，然而有这么一天，他们却获得了意外的巨大成功。人们不能不为这些勤劳的人感到骄傲。

贫穷比苦难沉重

如果世界上所有的苦难都集中到天平的一端，而贫穷集中到天平的另一端，那么，贫穷将比所有苦难都沉重。

《塔木德》中说：如果世界上所有的苦难都集中到天平的一端，而贫穷集中到天平的另一端，那么，贫穷将比所有苦难都沉重。

犹太人除了自己理解并懂得金钱的价值之外，还把这些知识灌输给孩子，让他们认识到金钱对人生的重要性。

什么时候向孩子解释钱的价值与用途合适？

孩子在三岁的时候，父母就可以向孩子解释金钱的用处了。解释为什么和怎样购买商店里的各种商品。向孩子说明金钱是必要的。金钱来自于劳动。钱不是通过魔术从自动取款机中变出来的。

需不需要向孩子说明储蓄？

在犹太人家庭中，90％以上的孩子在不到 10 岁就理解了储蓄的意义。父母鼓励孩子把他们的收入的一部分储存起来，父母还做同样的事情，为孩子树立一个榜样。

怎样向孩子解释支票？

孩子在 15 岁左右时，就可以拥有一个限额的支票账户和限额的信用卡了。父母在控制着孩子的金钱开支的时候，就可以教他们使用这些工具。

怎样教孩子自己赚钱？

对于孩子来说，让他们懂得金钱的最好方法是在他们到了打工的合法年龄之时，让他们通过自己去工作赚钱。父母可以帮助孩子找一份安全、时间合理、劳动强度不大、同事友善的事情做。让孩子明白拥有自己的收入，是建立他们自尊的巨大基石。

需不需要设立财政目标？

讨论支付孩子们上大学的费用与各种计划；讨论孩子们大学中的奖学金和资助项目；让孩子学会计算学费和生活费。

怎样给孩子进行商品消费和售后服务方面的教育？

带孩子逛商店时，让孩子们比较各种商品的不同价格，说明你为什么会选择一些商品，通过一些图书和报纸，让孩子们明白各种广告，明白什么叫通货膨胀。教孩子在购物时货比三家，这也是一个省钱的办法。

怎样教孩子做家庭预算？

父母向孩子解释一笔不多的钱怎样被分派到食物、穿着、公用事业、物业管理、汽车开支等方面。包括家中年龄较大的孩子的财政计划，让孩子写下每个月各种家庭开销及他们自己的各种开销。

不用金钱奖赏孩子

在给孩子的奖赏中，最好是提供特殊的权利或者是奖品。如果你提供的是金钱，那么数目最好是固定的，不要随着工作量的增加而增加。

伟大的犹太学者迈蒙尼德说：

"宁可像伐木工人、扛木工人、花园水路制图员、铁匠那样工作，也别向他人伸手要东西。"

在家庭教育中，父母有必要让孩子明白，做家务是为全家人尽义务。

许多犹太教育学家认为，家长应该为做家务的孩子建立一个奖惩制度，做到恩威并施。

学龄前的孩子非常渴望从事那种能够给他们带来切实利益的活动。根据孩子的这种心理，要在需要孩子完成难任务时进行这种奖惩。

这种奖赏间隔时间最好长一点：对于五到七岁左右的孩子，至少两个星期奖励一次；对于七岁以上孩子，至少一个月奖励一次。

不要因为孩子的一点点良好表现就奖赏。否则，在任何情况之下，只要你不提供这类实在的刺激，父母对孩子行为的影响力就会减弱。

在安排孩子做某件事时，要提供一个奖赏范围供孩子选择。提出你的安排后，根据当时的情况，还有孩子的情感成熟程度以及亲子关系，允许孩子讨价还价。但事先要明确你的限制，即使在你的安排最终不被接受时，也要坚持这一限制。

对孩子的奖赏最好不要用金钱。这样有助于孩子的脑海中形成更加富有感染力的画面，而且不会导致金钱至上的观念。尽管犹太人十分喜欢钱，但他们并不急于在这方面向孩子灌输金钱的概念。

在给孩子的奖赏中，最好是提供特殊的权利或者是奖品。如果你提供的是金钱，那么数目最好是固定的，不要随着工作量的增加而增加。

当孩子因为玩耍而忘记了干家务活，你可以把孩子关在家里一天，或者要求他在自己的房间中独自呆上一段时间。

惩罚孩子的目的是让他严格执行你们之间的协定。如果每次孩子没有完成任务，他都会得到适当的惩治，这就会减少他接受惩罚的可能性。

在家务劳动中，有些事情是孩子必须要做的，有些事情是父母和孩子双方协商完成的，有些事情做不做完全取决于孩子。如果有必要父母可以把每个种类的事情列成一张清单，随着孩子年龄的逐渐增长，孩子所要完成的劳动也要随之增加，并通过建立责任感使孩子懂得为自己的行为举止负责任。

没有结算单就甭想拿到钱

如果孩子们做了这些工作，他们就需要把一份工资结算单给家长，家长拿到这份单子就立即付款。如果没有这份单子，那么他们就别想

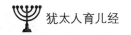

拿到钱。

耶路撒冷的学校，一直在从事对孩子的全面教育，教授孩子们各种各样的技能，例如游泳、骑马、射击、舞蹈、网球等等运动。这是一件很好的事，可这种学校没有给孩子提供学习生活经验的环境，让他们掌握宝贵的生活技能，比如理财，这可是犹太家庭与社会都十分需要的一种技能。

理财方面的教育，是犹太人每个家庭当务之急要解决的问题。

学校如果没有这项课程，犹太人就自己在家庭中让孩子得到教育，让孩子获得理财的技能。一位犹太人母亲说：

我们的孩子从知道钱财的用处开始，我们几乎每天都给他零花钱。到六七岁时，他有着他们固定的零花钱，不过这些钱不是白得的，孩子需要用劳动来换取，就如在外面的世界一样，如果他们不干活，他们就得不到什么零花钱。

犹太父母经常在厨房中列一张登记表，表中列着孩子上学之前与放学之后应做的事项，其中还列几项工作以外的事情。如果孩子们谁想多获得一点零花钱，他就得做这些额外的工作。例如擦窗子、扫地、洗车、洗碗等等。所有这些工作都有相应的报酬。

如果孩子们做了这些工作，他们就需要把一份工资结算单给家长，家长拿到这份单子就立即付款。如果没有这份单子，那么他们就别想拿到钱。

在现实生活中或工作中，我们常常看到不少的人因为不懂得要为自己所做的工作填结算单，而在工作上蒙受损失。

犹太父母们通过这种方式，教给孩子一个商业中的基本常识。

和孩子们一块购物时，犹太父母会跟孩子谈一谈买这样的东西的目的。父母向孩子指出杂志和糖果为什么要放在收银台附近——是因为可以使你产生即兴购买的欲望。不要上这种当。

父母在购物时所做出的决定将影响着孩子的价值观。如果想让孩子学到一些理财知识，父母就要做出一个好的表率与榜样。

今天是一个广告时代，我们每时每刻都生活在广告的狂轰乱炸之中，父母要鼓励孩子不要被广告华丽的外表所迷惑，教育孩子识别广告中的营销策略，从而使他们成为有基本常识的消费者。

犹太拉比说：

人生经历是一位严厉的教师，因为他会先让你考试，然后再给你上课。

作为父母，我们要做的就是——先给孩子考试，然后再给孩子上课，最后让孩子接受社会的各类考试。

只要劳动每个人都会有收获

当孩子们学习做各种家务时，他们就可以学习到独立生活的各种基本技能。让孩子用劳动挣钱是每个犹太人家庭常见的教育方式。

让孩子用劳动挣钱是每个犹太人家庭常见的教育方式。在犹太人家庭中，如果一个孩子不干完他责任中的杂务，父母就不会给他零花钱，或者是拿走他的零花钱作为惩罚。犹太家庭认为，孩子们应该懂得劳动和工作的价值。当孩子们学习做各种家务时，他们就可以学习到独立生活的各种基本技能。

在家庭劳动中，不要给孩子太多的工作或是责任，因为这有可能会引起孩子的不平与怨忿。父母教孩子完成工作比自己亲自完成工作要费更多的时间。对于孩子们的努力和完成得非常出色的工作，父母要给予充分的肯定。

让孩子明白家务事和日常的例行事务是生活的一部分。在家庭杂务之中，父母要先把各种小的责任分派给年纪小的孩子们，然后，根据孩子的年龄，再派给他们一些难度相当的活。

随着孩子们年龄的增大，他们希望得到更多的特权。

在家庭中自从有了为零花钱而劳动这个规定，就出现了把赚到零花钱的各种方法制作成图表在家庭中作为记录的方式。这种做法对于任何孩子都有很好的效果，特别是对于十几岁的孩子效果更为明显。

父母可以为家中的孩子列一个家庭杂务和日常例行事务的清单，每件工作价值一定数额的金钱，完成这项工作的孩子得到一定数额的零花钱。把各种工作公平地分给家中所有的孩子，不要给孩子一笔零花钱，然后又把这笔钱拿走。有了这个图表之后，你就会发现你的孩子个个都很能干，至少比你想像的要能干。许多家庭杂务都是孩子们能完成的。劳动让孩子明白：只要劳动每个人都会有收获。

正如一位犹太母亲说的：

家庭劳动改变了孩子们的生活，孩子们不再为家庭杂务而争辩不休。他们意识到，如果不按照父母所交代的任务而工作，就得不到零花钱。如果一个家庭中只有一个孩子，你可以找别人家的孩子来做这件事，把这份钱让别人家的孩子挣走，也是一件很不错的事情。

不是每个提款机都能取到钱

当你从一个经济危机滑向另一个经济危机后，会碰到更多危机，而且永远不得逃脱。你必须改变自己的思维和行为方式。

理财能力是一个人必须具备的重要能力。它关系到孩子一生的发展和幸福。

《塔木德》中说：节约是生财之源，节约是理财之方。

拉撒亚是个十分聪明的孩子。他手中的零花钱总是不断增加，他父亲总是很慷慨地买冰淇淋、糖果给孩子。拉撒亚的教师发现这个情况后，找到拉撒亚的父亲，劝他不要惯坏了孩子，希望不要给孩子太多的零花钱。父亲只好不给孩子那么多钱了，可孩子总是能从慷慨的父亲手中弄到钱，而且花钱越来越大方。渐渐地这位父亲才叫苦不迭，可孩子已经养成了习惯，一旦不给他钱，他就恨父亲。

在生活中，大多数父母进商场或超市之前，总要塞上几张大额的钞票，这样才觉得在孩子面前有面子。

如果这样想就完全错了。当你把这么多钱暴露在孩子面前时，孩子心里会想自己的父母有很多的钱，这时他就会有着很多的欲望，一到了超市或者是商场，见到那些五花八门的商品，就会大胆地采购。原因是，他认为父母的口袋中有不少的钱，购买东西时从不知道选择。在他们看来，立即得到一件东西满足自己是再正常不过的事情了。

这种作法最容易弄巧成拙，这种摆阔气只能助长孩子的欲望。

孩子的这些费用不仅要由你来承担，而且金钱知识也是从你那里得到的。

听到过许多孩子都对他们的父母说："从那个取款机中就能得到钱。"技术的进步让许多孩子在犯同一个错误，他们总是在认为取款机中的钱是取之不尽、用之不竭的。我们应该对孩子说，取款机里的钱是要先存进去后，才能取出来。要在银行存钱，就得先挣钱。

在生活中我们常常会遇到这样一些很此为苦恼的父母，他们总是在向人询问，怎样才能让孩子懂得节约、不乱花钱？

谁也没有绝招来解除你的苦恼，除非你在每一天中都用你的言行、奋斗、你的成就向孩子灌输着有关金钱的知识。

孩子就是生活中的一双眼睛，父母的一言一行都会在孩子心中留下一个印象，并成了他们学习的参照物。为了让孩子养成不乱花钱，懂得节约的好习惯，父母在生活中就得让孩子理解金钱是来之不易的。

如有机会，父母可以把孩子带到工作的地方，让孩子看自己是怎么工作的，理解自己工作的辛苦，慢慢地然后给他讲，自己就是这样工作才获得金钱。孩子在乱花钱时，就会想起父母工作的辛苦，他就会养成节约的好习惯，除非他自己能挣钱了，他才会心安理得地花着自己的钱，去享受着他真正的人生。

犹太圣贤比特拉赫说：当你从一个经济危机滑向另一个经济危机后，会碰到更多危机，而且永远不得逃脱。你必须改变自己的思维和

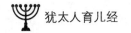

行为方式。

与孩子签定一份备忘录

洛克菲勒建立了他的金钱帝国，但他决不任意消费这些金钱，也决不允许自己家族的成员躺在帝国的大厦里恣意挥霍。

洛克菲勒在教育子女方面非常严格，从小就锻炼子女吃苦耐劳和独立自主的能力。洛克菲勒建立了他的金钱帝国，但他决不任意消费这些金钱，也决不允许自己家族的成员躺在帝国的大厦里恣意挥霍。他仅仅把自己当作这个帝国全部财产的管理者，而不是拥有者。

他的儿子小约翰·D·洛克菲勒继承了父亲的优点，同样把勤勉和节俭视为整个家族不可丢弃的传统。不知是巧合还是故意的安排，1920年5月1日，在国际劳动节这一天，小约翰·D·洛克菲勒给自己14岁的儿子写下一封信，指定将来儿子要成为洛克菲勒基金会的主席，同时，与儿子签下了一份备忘录。

这份备忘录其实是一份关于教孩子约翰应当如何处理零花钱的，共计14项要求，现抄录如下：

1.从5月1日起，零用钱起始标准每周1美元50美分。

2.每周末核对账目，如果当周约翰的财政记录让父亲满意，下周的零用钱上浮10美分。

3.每周末核对账目，如果当周约翰的财政记录不符合规定或无法让父亲满意，下周的零用钱下调10美分。

4.在任何一周，如果没有可记录的收入或支出，下周的零用钱保持本周水平。

5.每周末核对账目，如果当周约翰的财政记录合乎规定，但书写或计算不能令爸爸满意，下周的零用钱保持本周水平。

6.爸爸是零用钱水准调节的唯一评判人。

7. 双方同意至少 20% 的零用钱将用于公益事业。

8. 双方同意至少 20% 的零用钱将用于储蓄。

9. 双方同意每项支出都必须清楚、确切地被记录。

10. 双方同意在未经爸爸、妈妈或家庭教师的同意下，约翰不可以购买商品，并向爸爸、妈妈要钱。

11. 双方同意如果约翰需要购买零用钱使用范围以外的商品时，约翰必须征得爸爸、妈妈或家庭教师的同意。后者将给予约翰足够的资金。找回的零钱和标明的商品价格、找零的收据必须在商品购买的当天晚上交给资金的给予方。

12. 双方同意约翰不向任何家庭教师、爸爸的助手和他人要求垫付资金（车费除外）。

13. 对于约翰存进银行账户的零用钱，其超过 20% 的部分（见细则第八款），爸爸将向约翰的账户补加同等数量的存款。

14. 以上零用钱公约细则将长期有效，直到签字双方同时决定修改其内容。

最后，是小约翰·D·洛克菲勒和他儿子约翰的签名。

这样一份合约，大概会让我们大大出乎意外，大跌眼镜。可是，这正体现了犹太人对孩子进行财富教育的一项基本原则。

第 **2** 章

总有一次哭泣，让人瞬间长大

——犹太人如何进行挫折教育

上天没有给你的，不是因为你不配，而是因为你值得
拥有更好的。无论你是谁，无论你正在经历什么，坚持住，
你定会看见坚强的自己。

黑暗着开始，明亮着结束

与其明亮地开始，黑暗地结束，倒不如黑暗地开始，明亮地结束。

科学家烧开一锅油，把一只青蛙放在滚热的油锅旁边，那只青蛙在快到油里面的时候，竟然跳离了油锅。然而，把这只青蛙放进注满水的锅里，下面放火去煮，这只青蛙开始还觉得温热，后来水越来越热，它却不愿意离开锅里，最后被水煮死。

犹太人就像那只快到油锅的青蛙，他们时刻充满了危机意识，在任何情况下都保持着警惕。许多犹太人的一生经历了非常多的痛苦和苦难，因此，当他们有了安定的生活的时候，他们是决不会忘记曾经受过的苦难的。在他们的心里，时刻充满了警惕，目的就是不让自己忘记过去。

为了不让自己忘却苦难，犹太人制定了各种规则，在他们的日常生活、纪念节日、假日甚至婚礼上，都时刻提醒自己不要忘记痛苦。

他们每周的休息日是从星期五开始，直到星期六为止，星期天规定为一周的开始。为什么要把周五的黑夜定为全家幸福愉快节日的开始呢？

《塔木德》是这样解释的：

"因为与其明亮地开始，黑暗地结束，倒不如黑暗地开始，明亮地结束。"这就提示人应该先吃苦再享受。

他们不仅在休息日提示不要忘记痛苦，即使在犹太社会的纪念日中，最盛大、最隆重的节日"逾越节"也同样作了规定。"逾越节"这天是犹太人纪念他们重返以色列的日子。在这一天，他们早早准备好精美的食品、华丽的服饰，大家快乐地度过这个美好节日，但是在这个节日上，犹太人规定每个人必须要吃一种很粗的面包，还有一种很苦的野菜的叶子，因为这些代表着屈辱和失败。

据犹太历史记载：犹太人早期的时候曾在埃及做奴隶，过着很悲惨的生活。公元前15世纪的时候，他们在自己的英雄摩西的率领之下，越过沙漠，由于来不及准备吃的，他们只有吃那些没有发酵的面饼和路途上的野菜，最终千里迢迢、千辛万苦地回到以色列。这件事距离现在已经有3500多年了，可是时至今日，犹太人仍然在纪念那段苦难的日子，让自己不要忘记苦难和屈辱。

即使在结婚这样喜庆、重大的事情上，他们也提醒新人不要忘记苦难。婚礼规定新人不能把酒喝完，把酒杯完整地放入盘中，而是喝完酒后把酒杯摔碎，这个动作表示两个人同甘共苦一起度过艰难的一生。希望两个人不要讲究享乐，并告诉他们一味享乐、忘记艰辛是败家的象征。

人们在评价犹太人的危机感及忧患意识时说："每当幸运来临的时候，犹太人总是最后感知；而每到灾难来临的时候，犹太人总是最先感知。"

任何一个犹太人都知道他们是输不起的，他们只有成功，失败了就意味着很难有机会再来，因而，他们都异常努力。很多犹太人就是在别人看起来根本就不可能东山再起的时候，取得了成就。打开犹太名人的少年经历，就会发现在10个犹太名人里面，有八九个是从小在苦难、坎坷中长大的。犹太人的这种逆境成功的精神，永远为世人所敬佩。成功对于他们来说，不是"我需要"，而是"我必须"。

这就是犹太人的危机教育——黑暗着开始，明亮着结束。

最好的礼物是放手

没有比既能做事又能做学问更好的了。没有劳动的学问结不出果实，相反可能导致罪恶。

犹太人的一位领袖撒曼以色三世曾经说：

"没有比既能做事又能做学问更好的了。没有劳动的学问结不出果实，相反可能导致罪恶。"

正因为有这样的教育，所以很多犹太学生很早就开始打工。他们有的在蔬菜店门口招揽生意，有的在印刷厂里干杂活，有些立志当教师的高中生还在夏天的时候参加夏令营，做中、小学生的领队。

犹太人从小就被灌输这样的思想：

如果要实现自己的理想，不学会自己赚钱，不在经济上独立是不行的。如果一直由家人或是朋友提供经济上的援助，一个人要实现真正的独立是不可能的。你能够得到别人的帮助固然是好，但一定要知道，人是绝对不可能靠别人来生活的。

有这样一个犹太人，他的名字叫来姆。他在16岁的时候考上了英国的一所大学，准备到那里去留学。临行之前，他的父亲只给了他100英镑的学费，并说，这些钱只算是借给他的，在他学成之后，必须归还。

要是在中国的父亲眼里，这样做简直是有辱斯文。父母对孩子所做的，应当是"无私"的奉献，哪怕做牛做马都应该，岂有借钱给孩子还要求他归还的！

而中国的孩子面对这样的情况，恐怕也会感到不悦和难堪。报上曾经有过这样的报道：某重点学校有来自贫困家庭的一名女学生，父母一年的收入不过两万余元，可她一进校门，就花数万元买了苹果6、Ipad，还说过段时间要买苹果手表。

按照我们的观点，犹太人来姆父亲的做法无疑是荒唐的、绝情的，可按照犹太人的观点，这正体现了家长对孩子独特的关心和爱护。因为，正是这样带有压力性的要求，才能让孩子尽快成长、成熟并独立起来。

果然，来姆到英国后，一边学习，一边熟悉情况，很快就想到了很多赚钱的好点子。在伦敦读书的四年里，他实际上全部用自己赚的钱交纳了学费，在从伦敦大学经济系毕业的时候，他回到父亲身边，将 100 英镑交还给父亲。

放开手让孩子学会独立生存，是犹太人给孩子们最好的礼物！

有人或许会说，像来姆这样的例子也许是偶然的吧？天下哪有这样的父亲，连自己的子女读书还要死抠！多给他讲道理，让他心里明白不就行了吗，难道非要做得那么绝对吗？

按照我们的思维习惯，也许是这样的，但按照犹太人的思维就不是这样的了。犹太人深知"实践出真知"的道理。在商业领域，只有经历过亲身的实践和体验，才能够获得宝贵的经验。

灾难是好事

与幸福相比，人在苦难时更应该欢欣。因为，如果一个人终生幸福，这说明他也许犯过的罪尚未被宽恕。

有人类就有苦难。

犹太历史就是一部苦难史。生活的磨难，身体的疾病，生存的险恶，到处被排挤，流离失所……无不折磨着犹太人。

在迦太基的一家著名博物馆，有一幅画，题名为《将军》，画面上是一个人正在和魔鬼下棋，而且危在旦夕，魔鬼正在将军。这一盘棋正是人类命运的象征，苦难就是那个正在将军的魔鬼。那么，人类还有希望赢吗？每一个犹太人从小受到的就是"磨难教育"，磨难转化为生命的财富。人类正是在同魔鬼的战斗中，锻炼了自己。

有这样一则关于犹太人"磨难教育"的小故事：

一个研究《塔木德》的犹太学者，刚刚结束他的学习生涯，到艾黎扎拉比那里，请求给他写封推荐信。

艾黎扎拉比非常热情地接待了他。

"我的孩子"，拉比对他说，"你必须面对严酷的现实。如果你想写作充满知识的书，你就必须像小贩那样，带着坛坛罐罐，挨门挨户地兜售，忍饥挨饿直到 40 岁。"

"那我到 40 岁以后会怎样？"年轻的学者满怀希望地问。

艾黎扎拉比鼓励地笑了："到了 40 岁以后，你就会很习惯这一切了！"

"逾越节"就是犹太人关于"磨难教育"的最重要的节日。"逾越节"是专门纪念摩西带领犹太人逃出埃及而设立的，通过讲祖先的艰难历程和吃特殊的食品，来进行忆苦思甜和认识生命艰难的教育。

逾越节家宴桌上的食品主要是三块无酵饼。当年犹太人逃离埃及时，来不及准备路上的干粮，只能吃不发酵的饼，三块的说法是为了纪念犹太人的三位祖先。

一盘食品，五种食物。这五种食物指的是：烤羊腿、烤鸡蛋、哈罗塞斯、一碟苦菜、一碟盐渍芹菜。

烤羊腿是逾越节的祭品，犹太人失去圣殿后，无处献祭，在宴席上用烤羊腿（或烤肉）代替。

烤鸡蛋，犹太人习惯在正餐前吃鸡蛋，逾越节的鸡蛋是烤的，烤的蛋很坚韧，很难咬碎，犹太民族就像烤的蛋，受苦难的时间越长越坚强，犹如蛋烤的时间越长越坚硬一样。

一碟哈罗塞斯，这是一种水果、香料和酒混合的食品，呈泥状。以色列人在出埃及前，法老为难他们，命他们做砖，又不给草料，从而责打他们，这一碟泥状的哈罗塞斯，使人想起做砖用的泥。

一碟苦菜，是纪念犹太人在埃及受的苦。

一碟盐渍芹菜，犹太人出埃及时，喝过红海带苦涩味的海水，吃盐渍芹菜，意思是要犹太人永远记住出埃及之苦难。

逾越节家宴的程序，由四杯酒串连：第一杯酒，一家之长举杯祝福，家宴开始。第二、第三杯酒在家宴中间，在讲"哈伽达"前后喝。第四杯酒，感谢上帝的保佑，宴会结束。

几乎每个犹太伟人的成功都是和苦难分不开的。1933 年 4 月，在德国纳粹党徒蓄意制造了国会纵火案之后两个月，希特勒发出了第一道排犹命令：凡是担任警察、军官、法官、政府公职和教师职务的犹太人，一律开除；两年后，又把犹太人宣布为"次等公民"，禁止德国人和犹太人通婚，又过了两三年又毁掉所有犹太教堂，还陆续将犹太人关进集中营，并掠夺和没收了犹太人的资产。

在那些黑暗而恐怖的岁月中，正是一种奋发图强的心理，使磨难转化为动力，不止一个犹太人在苦难中飞翔。

与幸福相比，犹太人认为人在苦难时更应该欢欣。

面对苦难不光是一种勇气，更是一种精神和心态，只有这样才能战胜苦难，并使苦难升华为人类的礼物。

让孩子自己说出答案

世界从来就不是绝对公平的，你们要早早适应这种待遇。

一位犹太父亲一次带他的儿子去澡堂。当他们跳进池子，孩子冻得发抖，不由得大叫："哎呀，爸爸，哎呀！"

父亲于是把他抱出来，用毛巾擦干了他身上的水，给他穿上衣服。

"啊哈，爸爸，啊哈！"小家伙愉快地叫着，身子暖洋洋地蜷缩在毛巾被里。

"艾什卡，"父亲深思着说道，"你知道冷水浴和犯罪之间的距离吗？"

"当你跳进冷水池的时候，你第一个发出的声音是'哎呀'接着才是'啊哈'。但当你犯罪的时候，你第一个发出的声音是'啊哈'，然后就是'哎呀'了。"

犹太人对小孩的美德教育，从很小的时候就开始，他们寓道理于比喻中，形象、生活、活泼，给孩子幼小的心灵中留下深刻的印象，让他们记忆犹新。就像上述故事中的父亲，他没有直接告诉孩子不要犯罪，而是用冷水浴比喻犯罪，告诉孩子犯罪开始的感觉是"啊哈"——

高兴坏了，而最后的感觉就是"哎呀"了——难受死了，从而启发孩子最好不要犯罪。另一方面用言传身教的办法，同样会给孩子留下深刻的印象。

犹太大作家托马斯·曼的女儿艾丽卡从小就爱撒谎，也许是为了好玩儿，也许是为了摆脱困境不得已而为之。一般来说，托马斯·曼家的教育是由妻子来承担，妻子对付不了孩子时，托马斯·曼才出面。

突然有一天，托马斯·曼把艾丽卡召到他的书房，语重心长地对女儿说："孩子，你已经7岁了，不再是个孩子了，你自己也明白你做了些什么，整天都在说谎话。你看，如果大家都这样，将会是什么后果呢？大家根本不能互相信任，完全用不着互相倾听，一切都会变得无聊透顶，生活将不成其为生活了。我相信你会明白的，你今后再不要干这种蠢事了！"据艾丽卡回忆说，这次训话给她留下了不可磨灭的印象，此后，她再没撒过谎。

第一次世界大战期间，食品奇缺，托马斯·曼家的食品是按数学方法平分给四个孩子的，而且精确无比，连豌豆也要按粒分，任何人都不能多吃多占。有一天，风和日丽，家中仅剩下一个无花果，按托马斯·曼的妻子和四个孩子的想法，肯定是要平分这个无花果。结果呢，托马斯·曼把无花果只塞给艾丽卡一个人，并让她一个人吃。艾丽卡狼吞虎咽地吃掉了无花果，其他三个姊妹惊讶地瞪圆了眼睛。托马斯·曼郑重其事地说："孩子们，世界从来就不是绝对公平的，你们要早早适应这种待遇。"这句话给四个孩子的心中同样留下了深刻的印象，让他们在任何不公平的时候也能保持平衡的心态。

著名经济学家大卫·李嘉图也是一名犹太人，9岁时，有一天他在商店的橱窗中看到了一双边缘有皮毛的皮鞋，他非常喜欢，吵着让大人给他买下。他父亲不同意买，认为这双鞋不适合他穿。大卫·李嘉图哭闹着，执意要买，父亲同意了，但是有一个条件，买了就必须穿。穿上皮鞋后，大卫·李嘉图发现，这是一双木鞋，穿着在街上走起来喀哒喀哒直响，惹得所有的行人都回头盯着他瞧。本想穿一双独特的皮鞋，满足一下自己的虚荣心，结果却穿着木鞋每天去丢脸。为了摆脱这双鞋子，他真愿意付出一切代价，但他又没有别的鞋子可穿。任何人都无法想象他穿这双鞋有多痛苦，他每次走路都要小心翼翼，以免发出那丢人的喀哒声。从此，大卫·李嘉图再也不敢任性和贪图虚荣了，这对他日后的成长起了重要的影响。

教子的方法很重要。让孩子自己说出答案，就可以收到奇妙的效果。

饥饿才能唱出动听的歌

苦难是人生的一位良师，它能教给孩子学会用感激的心情、积极的态度对待一切问题，养成坚强的意志，勇敢地参与社会竞争。

《圣经》中说：从没有人发现智慧存在于什么地方，或曾经进入过智慧的宝库。你想要得到智慧，就得用你的身躯去接受命运的考验。

人的一生中，遇到挫折是十分正常的。

苦难是人生的一大财富，不幸和挫折可能使人沉沦，也可能铸造成人的坚强品质，成就一个人充实的人生。苦难是人生的一位良师，它能教给孩子学会用感激的心情、积极的态度对待一切问题，养成坚强的意志，勇敢地参与社会竞争。

一个人的道德意志与他的品格完全是一致的：道德意志越是强大其品格的形成越快，越牢固。意志是一个与克服困难相联系的概念。一个人在达到自己目标的过程中，总会遇到这样那样的困难。克服困难的过程就是意志活动的过程，强大的意志正是在这个不断克服困难的过程中培养起来的。

一个人如果具备了坚强的意志力，那么他就能克服前进道路上的种种困难，百折不挠，坚持不懈，直到成功。因此，坚强的意志力是人行为的持久动力，是成功的关键因素。为此，父母应当有意识地培养孩子坚强的意志力，让孩子能吃苦。

今天的孩子生活在一个富有的年代，优越的生活条件已经使他们不知道什么是贫穷与艰难。过分溺爱自己的孩子是今天不少父母的通病，也是今天的父母所面临的一个真正让他们感到无所适从的问题。

在许多国度，吃苦是孩子的必修课之一，尤其是在发达国家的家庭中，家长普遍重视从小培养孩子的自理能力和吃苦精神。因为发达的市场经济要求每一个社会成员必须具备这种能力和精神，只有具备了这种能力并拥有这种精神才能出人头地。

在今天不少的犹太家庭中，为了锻炼孩子，每逢冬天，幼儿都要赤身裸体地在冰雪中滚爬跌打一定时间。天寒地冻，孩子冻得嘴唇发紫，浑身发抖，但父母们硬起心肠，决不会提前抱起自己的孩子。他们明白，只有这样才能锻炼孩子的意志，使孩子身心健康地成长。

在一些富有的犹太家庭，还鼓励学生到车间去进行学工教育，并写出学工报告。在那里孩子们认识到诚实劳动、团结协作和坚强的意志的真正价值。

在以色列的国土中有一所"鲸鱼学校"，这所学校就是让孩子们乘上帆船在一年之内横渡两次大西洋，游遍三个岛，这期间除了要经受住大风大浪，还要忍饥挨饿。这所学校的孩子必须学会驾船、捕鱼、做饭，还要完成考察、读书、讨论等课程。同时他们还要与当地人打交道，熟悉当地风土人情。孩子们经过这样一番磨炼，大都会成为一个智勇双全的人。

爱孩子是父母的责任，也是父母的天性，但在爱之中要明白什么才是真正的爱，怎样才能爱得有意义、有价值。人生是不可能一帆风顺的，给孩子苦难的教育与适当的磨难，教导孩子正确对待失败、挫折，从失败和挫折中总结经验，吸取教训，培养孩子良好的心态和百折不挠的坚强意志，会使孩子终生受益。

生活中不可避免的是困难与挫折，每位父母都有责任让孩子明白失败并不可怕，可怕的是跌倒了爬不起来。

把惩罚的目的告诉孩子

惩罚的目的是减少孩子的不良行为和举止，如果这种不良行为和举止不改变，那么这种惩罚就没有发挥作用。

每个孩子都有蛮横任性、不讲理、打架骂人、对长辈无礼、破坏公物的时候。这是因为孩子的感情很脆弱，容易被激怒，内心有种无法遏制的冲动。孩子发怒时什么都忘了，内心被任性所控制。

这时严格的教育是应该的。不过，父母尽量不要打骂、吓唬和体罚孩子。即便需要惩罚孩子时也要使用以下几种办法：

给孩子表情和语言的暗示。当孩子犯了错误时，他会从父母的语气、音调、表情、态度中觉察出父母对他行为的不满、伤心和失望。一个爱父母的孩子，会为了重新得到父母亲的欢心和爱，而改正自己的错误行为。

剥夺游戏的机会。如果孩子随便乱扔东西，乱砸玩具，不听劝阻，父母就应该把玩具藏起来，使他在一段时间内失去玩玩具的机会。又如在游戏时，孩子欺侮了同伴，父母可以禁止他与同伴游戏，直到他觉得寂寞并请求父母允许他和小朋友一起玩。如果孩子说脏话，屡教不改，父母可以通过不让他看电视、假日不带他出去玩、不和他游戏、不给他讲故事、不买已经答应好给他买的玩具和图书等，以示惩罚。

轻打孩子的屁股。在教育中孩子实在不听话，在万不得已的情况下，父母打孩子的屁股以示惩罚也是可以的。但是要注意不要打孩子的脸，或用棍子狠打孩子，这会使孩子感到屈辱而对父母怀恨在心。

打骂孩子很难使责罚真正奏效。责罚孩子时父母还要注意以下几点：

不要光听孩子口头认错，而要他用行动改正。

不要很快原谅孩子。只要有一两次原谅了他，他就会一件事还未

了结，又大胆地去做另一件错事。因为孩子知道，他只要一求饶，父母就会轻易地原谅他。

父母要认识到惩罚是一种否定性的后果，在使用得当的时候，惩罚能消除或减少孩子的不良行为。正确使用惩罚并不容易，它需要父母从一而终。父母首先要知道对孩子的惩罚是有害的，它会制造令人不快的感情，同时还耗费人的精力。

惩罚的目的是减少孩子的不良行为和举止，如果这种不良行为和举止不改变，那么这种惩罚就没有发挥作用。

许多父母聚焦于惩罚，而不是孩子的不良行为、举止。如果你为孩子的不良行为、举止，一天惩罚他六七次，这种惩罚毫无意义。

大约10%的父母打孩子的屁股，而且看不出打屁股有什么不对。大约20%的父母从不打孩子的屁股。大约70%的父母打孩子的屁股，但他们并不愿意这样做。很多父母承认说："我打他们的屁股。尽管我知道那样做不对。我总是生气，然后又生自己的气，可我又有什么别的办法呢？"

父母首先要认识到，对于孩子重要的不是惩罚，而是可以改变孩子这种不良行为、举止。如果它不能改变孩子的不良行为，父母可以尝试其它的方式。

娇宠不是一件好事

孩子在一岁左右时是不是需要类型教育，能不能顺利进行，这是关系到母婴之间能否建立牢靠的心理纽带的问题。

著名的犹太拉比耶雷赫说：

藏身于宫殿深处的美人，在她的朋友或爱人经过时，才悄悄打开一扇隐蔽的窗子，让朋友或爱人看到她绝世的容颜，然后就闪身不见了，窗门紧闭，下一次的相见又不知何时了。知识就如这美人一样，只向她所选中的人展示，但又总是以不同的方式展示。

教育孩子也是这样，机会在任何时候都是一闪而过。

作为人，作为社会的一员，为了生存，就要在可能的时期里，通过类型教育培养一种求生的能力，一种生存与发展的能力。

犹太人特别重视孩子这方面的发展。也许是他们有着深重的历史与苦难的经历，他们总是认真对待家教问题。

一说到家庭教育，似乎会给人一种责怪和哄劝孩子的想法。只让孩子这样做，不许孩子那样做。其实，父母没有必要这么辛苦。如果父母早在孩子一岁左右时，就开始给他一种良好环境或让他不断地接触这种环境，那么孩子长大以后就会自然有家教。这样一来，家教的问题就变得简简单单了。

教育家们认为，孩子在一岁左右时是不是需要类型教育，能不能顺利进行，这是关系到母婴之间能否建立牢靠的心理纽带的问题。其实，母亲对孩子满怀爱心的接触，这本身就是一种良好的类型教育。

因此，教育家说，母亲对孩子的娇宠不是一件好事。

犹太人教育家弥塞亚说：

在家教方面，教育孩子什么事是不能做的，非常重要。因此，有时候也要对孩子严厉一些。

父母和孩子在一起的日常生活，本身便是"家教"。

批评前先说优点

批评前，先说说他的一些优点。这样，孩子对大人的批评会心悦诚服，更易于接受。

约瑟是个不到七岁的孩子，当父母亲对他要求一放松，他就会不好好吃饭，并损坏东西、说脏话、不讲卫生，总之是一副很不听话的样子。每当约瑟出现这种情况，父亲就带他出去玩，在他开心的时候再指出他的错误。小约瑟有一天明白了，不得不吐舌头，以示悔意。

在孩子成长过程中，批评是必不可少的。家长在批评孩子时，一定要注意：

批评自尊心强的孩子，最好是单独进行，不要让孩子当众丢脸，不要伤害孩子幼小的心灵。

批评的重点只对事不对人，不要过分强调孩子的过失，重点应该放在如何帮助孩子改正上。

批评前，先说说他的一些优点。这样，孩子对大人的批评会心悦诚服，更易于接受。

父母批评孩子时，态度要和善，切勿居高临下，咄咄逼人，使孩子对父母产生逆反心理。

父母批评孩子时切不可啰嗦，简明扼要，找准错误的要害，严肃认真进行教育。

孩子的同一错误，绝不可因为父母亲的情绪时而批评，时而放任，这样会使幼儿难辨是非。

孩子一旦有错，要立即批评纠正。如果错误发生已久，再进行批评，孩子会觉得莫名其妙。

不要以为一次批评，孩子就会彻底改正。如果孩子重犯错误，要坚持耐心说服教育。

只要孩子领会了批评的意思而又有悔改之意，就要原谅他，终止批评。每次批评都应该以爱护孩子、培养孩子良好行为为出发点，并充分相信孩子能改正错误。

利用业余爱好培养坚韧精神

在孩子沮丧泄气时，父母纵容他们，就等于损害了他原有的优点，再恢复就难了。

一本犹太教育书籍上说：利用业余爱好，可以教会孩子社会和情感技能。注意确定爱好的难度，尤其是孩子小的时候注意力不能持久或缺乏动力时，更应该如此。

首先要确保爱好与孩子的水平相适应。如果太难，孩子会失去兴趣。如果太简单，挑战性不强，那么就不能让孩子长久保持兴趣。

其次，父母要挤出一定时间与孩子一起从事孩子的业余爱好。如果你希望孩子具有持之以恒的品质，掌握其他与工作有关的技能，用你自己的兴趣及独特指导，为孩子树立榜样，这样做的效果最好。

比如，你正帮助孩子学习一种魔术，你自己应该先掌握，然后再去教孩子，进而鼓励他练习甚至表演。如果是年龄再大一些的孩子，那么你就应该带他去图书馆寻找关于魔术和魔术家的书籍，看这方面的电影和录像，帮助他造一个简易表演台。

最后，也是最重要的一点：不断地赞扬和鼓励孩子，以增强他的耐心和耐力。在他灰心时，可以让他休息 5 分钟，但其后要立即投入游戏。不能因为自己不感兴趣或疲劳就让孩子轻易结束。

心理学家认为，孩子天性顽强，有弹性。在孩子沮丧泄气时，父母纵容他们，就等于损害了他原有的优点，再恢复就难了。

爱与尊严并驾齐驱

仅有爱是不能培养和教育出优秀的孩子来的，只有把热爱和严格要求结合起来才能促进孩子茁壮成长。

有爱是不能培养和教育出优秀的孩子来的，只有把热爱和严格要求结合起来才能促进孩子茁壮成长。

美国第 32 届总统富兰克林·德拉诺·罗斯福是美国历史上唯一一位连任四届的总统。他的业绩在全美国民众中是有口皆碑的，人们在谈论他所受到的家教时也同样津津乐道。

罗斯福出身于富豪家庭，父亲是美国有名的商人，家里很有钱。罗斯福的父亲和母亲年龄相差 26 岁，当罗斯福出生时，父亲年纪已经很大。罗斯福有一个同父异母的哥哥，很早就离家在外。罗斯福的降生，给这个本来就十分幸福和睦的家庭带来了无比的欢乐。幼小的罗斯福自然成为父母关注的中心。然而，罗斯福的父母并不娇惯他，而是严格地管束他，特别是罗斯福的母亲。她为小罗斯福安排了严格的作息时间表：7 点起床，8 点吃饭，然后跟家庭教师学习二三小时才可以休息，下午 1 点吃饭，午饭后再学到 4 点才能够自由活动。

小罗斯福玩游戏时总习惯于自己是赢家。为了教育他，有一次母子二人玩一种棋类游戏时，母亲故意不让着他，接连几次赢了儿子。小罗斯福生气了，母亲故意不理他，并坚持让儿子向自己道歉。结果，小罗斯福认输了。

正是父母从小对罗斯福的严格要求，才使他比同龄人更自立、更自律，促使他不断奋进，取得骄人的成就。

犹太人拉比认为，对孩子来说，严格要求是极其重要的。孩子往往缺乏经验，是非界限有时弄不清楚，对自己行为和情感往往不善于独立控制。如果家长不严格要求，他们就不能自觉、主动地学习和按行为道德标准来行动。因此，父母对他们的思想和行为只有严格要求，才能使他们养成良好的思想和行为习惯。

家长若不了解孩子的特点，具备基本的教育知识，盲目地严格要求只会造成教育失败。有的家长或宽或严都缺乏依据，凡事随心所欲，教育效果就更难保证。自己一高兴，对孩子百依百顺，该约束的也放任不管；自己心里一有气，一点小事就将孩子大加管束，严厉得可怕；有的父母平日一贯溺爱孩子，从来不提要求，学习、品德、锻炼放得很松，时间长了，孩子坏习惯养成了，父母感到问题严重，才想到要进行严格管教，不择时间、场合，方法粗暴，强迫孩子保证以后再也不犯错误。显而易见，这些方法对教育孩子都是无济于事的。

犹太人认为，做父母的不应该受盲目的爱所支配，要"严"中有

"爱"，"爱"中有"严"。严格要求并不意味着对孩子的态度严厉、动辄打骂训斥，而是要做到以合情合理为前提。父母对子女一定要怀有严格要求的热爱，过分地宠爱孩子与迁就孩子都是不理智的。只有这样，才能把孩子培养成为有良好品行的优秀人才。

严格教育对生活在优裕环境中的儿童尤为重要。人生要经历许多磨难，如果只会享福，不能受苦，这样的人将不能立足于社会。这样的人只能满足于自己的成功和幸福，心理永远不会成熟。

透过黑暗才能看见光明

人的眼睛是由黑白两部分组成的，但是为什么只能透过其黑暗的部分看东西？因为人必须透过黑暗，才能看到光明。

一部犹太人的历史简直就是他们遭受迫害的历史。正是苦难造就了他们坚忍不拔的性格。

二战时，德国占领了东欧，对犹太人实施非人性的统治，目的就是把他们斩尽杀绝。在某个小镇上，有个犹太人家庭，一家五口为了躲避德国军队只好躲在一间仓库的小阁楼上，吃喝全靠朋友们接济。

每当纳粹巡逻队或者不怀好意的市民走近仓库时，他们就吓得一点声音都不敢出。时间一长，他们完全学会了用动作来表达感情。

三个月后的一天，母亲外出觅食未归，关心他们的市民说："你们的母亲肯定是被德国人抓走了。"又过了两个月，父亲也一去不回。半年后，叔叔出门不久，孩子们就听到一声枪响。

三个大人相继死去，寻找食物的重担就落在了姐姐肩上。每当仓库附近有风吹草动的声音时，姐姐就赶紧掩住弟弟的嘴。

过了一个月，姐姐也永远地离开了。从此以后，凡听到同样的声音，弟弟只有自己掩住自己的嘴巴，不让自己发出一点声音。

但是最后，弟弟坚忍地活着看到了胜利的那天。

犹太拉比常常告诉学生：

"只要不断地保持希望的灯火，就不怕无法忍受黑暗。"

每经历一次暴风雨，天空就架起桥一般的美丽彩虹，这预示着不久的将来会有希望到来。黑暗过去就是光明，这是存活下来的希望。无论环境多么恶劣，只要还有一息尚存，就要忍耐着生存下去。

"人的眼睛是由黑白两部分组成的，但是为什么只能透过其黑暗的部分看东西？因为人必须透过黑暗，才能看到光明。"

人生也是从苦难和黑暗开始，最后才到达幸福和光明的境地。这就是告诉自己，不要害怕痛苦。因为一个人只有痛苦到了极点，才能品尝到甜美的果实。

这些都是《羊皮卷》告诉他们的。

犹太人的意识里面永远充满了痛苦的观念和深深的忧患，他们一生都是这样，他们的思维、他们的灵魂都是这样看待和思考问题的。

当他们被生下来的时候，大家不是为他的降临人世而高兴，而是为他而哭泣。犹太的箴言是这样解释的：

"孩子出生时我们觉得高兴，有人去世时我们感到悲伤。其实应该反过来才对。因为孩子出生时不知今后的命运如何，而人死之时一切功业已盖棺论定。"

纵观人的一生，犹太人认为不如意之事占十之七八，而幸福和快乐之事只占人生命运的十之二三。因此既然这样，也就不必惧怕痛苦和人生的种种烦恼了。相反，却是人生的痛苦和烦恼越多越好。

《羊皮卷》里说："有10个烦恼比仅有1个烦恼好得多。"因为有10个烦恼的人不会再惧怕烦恼，而拥有1个烦恼的人会觉得整天都很烦恼。

这就是犹太人的人生观：痛苦，才是人生之路。没有经历过痛苦的人生是不存在的，人生的大部分时间要经受痛苦。人在这个世界上就是为了人生的某个目标而痛苦、努力地生活着，直到人死了，他的一生盖棺论定了，人生任务完成了，痛苦的努力才算结束。

第 3 章
不要让未来的你，讨厌现在的自己

——犹太人如何进行成功学教育

越努力越幸运。一旦梦想开始了就别停下，追逐梦想的路上永无遗憾。无论你在追逐梦想的道路上，遇到怎样的挫折与困窘，你都是最棒的。

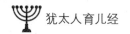

每个孩子都是出色的棒球手

那些积极向前，肯定自己有更大的价值的人，往往能得到很高的报酬。这种人相信自己能处理艰巨的任务，结果他们就真的能做到。这样的人所做的每一件事情，包括待人接物、个性、想法和见解等，都显示出他是专家，是一位不可或缺的重要人物。

玛丽生长在一个普通的犹太家庭中，从小的家庭教育培养了玛丽的高度自信。独立不羁的个性使她常常有一种心理优越感。玛丽所在的学校经常请人来校演讲，每次演讲结束，她总是第一个站起来大胆地提问。不管她的问题是否幼稚，是否尖锐，她总是充满好奇地脱口而出，而其他的女孩子则往往由于胆怯而不敢开口，她们只是面面相觑或抬眼望着天花板。

每次回家后玛丽向父亲汇报学校的情况时，父亲总是鼓励她："好孩子，你有这样的信心，我真的为你感到骄傲，你一定会成为一个出色的辩论家。"

父亲的不断鼓励使玛丽对自己的口才充满了自信。玛丽上中学时，她是学校辩论俱乐部的成员，演讲从不怯场。

当自己面临困境时，犹太人最先想到的是"我会赢"，而不是"我可能会输"。当自己与别人竞争时，犹太人最先想到的是"我跟他们一样好"，而不是"我无法跟他们相比"。当出现机会时，犹太人最先想到的是"我能做到"，而不是"我不能做到"。他们深知自信的重要性，并对他们的子女从小就灌输这种思想。

有个犹太小男孩，头戴球帽，手拿球棒和棒球，全副武装地走到自家后院，大声喊："我是世上最伟大的棒球手。"他满怀自信地说完后，便将球往空中一扔，然后用力挥棒，虽然没打中，但是他毫不气馁，继续将球拾起，往空中一扔，然后大喊一声："我是最厉害的

棒球手。"他再次挥棒，可惜仍是落空。他愣了一下，然后仔仔细细
地将球棒与棒球检查了一番。之后他又试了三次，这次他仍告诉自己：
"我是最杰出的棒球手。"然而他这一次的尝试还是落空了。"哇！"
他突然跳了起来，"我真是一流的投手。"

可见，信心的大小决定了成就的大小。庸庸碌碌，过一天算一天，
总认为做不了什么事的人，仅能得到很少的报酬。这样的人认为自己
不可能做出伟大的事情，结果他们就真的不能；如果认为自己很不重
要，那么你所做的每一件事就真的无足轻重。久而久之，连你的言行
举止也会表现得缺乏自信，如果你不能将自信抬高，你就只能在自我
评估中萎缩，变得愈来愈渺小，而且一个人怎么看待自己，也会使别
人怎么看待他，于是这种人在众人的眼光下又会变得更加渺小。

相反，那些积极向前，肯定自己有更大的价值的人，往往能得到
很高的报酬。这种人相信自己能处理艰巨的任务，结果他们就真的能
做到。这样的人所做的每一件事情，包括待人接物、个性、想法和见
解等，都显示出他是专家，是一位不可或缺的重要人物。

每个父母都应该像犹太父母那样，教育孩子从小树立信心，相
信自己。

大声说出孩子的优点

当着自己孩子的面，父母要公开、大声地赞扬孩子的优点。要让
孩子从小知道，父母以他为荣。

犹太人培养孩子自信心的有效方法有：
发掘自己家族或亲戚方面取得杰出成绩的当代人或历史人物，经
常用来鼓励孩子，以此增加孩子的自豪感。
发掘孩子的优点，抄写在一张大纸上，贴在家人和孩子容易看到
的地方，例如同情心、正义感、歌唱、表演、绘画才能等。当孩子遇

到困难和挑战显得退缩、信心不足或畏惧时，可以引导孩子回忆过去的光荣成功史。

当着自己孩子的面，父母要公开、大声地赞扬孩子的优点。要让孩子从小知道，父母以他为荣。

对孩子没有过高要求，赞美孩子取得的最微小进步。

父母要用积极的言语评价孩子的一切行为。

让孩子做他自己会做的事情。

教孩子认识自己的缺点，认识到自己的力量。

放弃责任是不能宽恕的

责任感，是一个人日后能够立足于社会、获得事业成功与家庭幸福至关重要的人格品质。不论孩子有什么过失，只要他有一定的能力，就应当让他承担责任。

一位犹太拉比说：

"好事可以分享，但是自己的责任一定要自己负。"

责任感，是一个人日后能够立足于社会、获得事业成功与家庭幸福至关重要的人格品质。不论孩子有什么过失，只要他有一定的能力，就应当让他承担责任。自瞒自欺其实很容易，但是却无法逃离世人锐利的眼睛。因此，自己的责任一定要自己负。

可是，很多父母在关心、保护孩子的同时，都忽略了孩子是需要学会承担责任的。他们总是怕孩子为难，怕孩子辛苦。于是，有的家长替孩子做值日，有的替孩子洗衣服、洗袜子，更有甚者替孩子做家庭作业……长期这样，孩子不知道怎样自己照顾自己，更谈不上对他人、对社会的责任感了。

犹太人认为在这种家庭环境中长大的孩子，由于从小就受到过多的呵护，不会动脑筋，一方面他们会变得自我意识很强，处处都以自我为中心；而另一方面，他们对周围的人和事经常表现出漠不关心的态度，缺乏基本的责任感。

70 多年以前有一位 11 岁的美国男孩，他踢足球时，一不小心踢碎了邻居家的玻璃，人家要求他赔 12.5 美元。那个时候，12.5 美元可不是个小数目，可以买 125 只鸡蛋。闯了大祸的美国男孩向父亲认错后，父亲让他对自己的过失负责。儿子为难地说："可是我没有钱赔人家。"父亲说："我先借给你 12.5 美元，一年后你必须把钱还我。"从这以后，这位美国男孩开始了自己艰苦的打工生活。经过半年的努力，小男孩终于挣足了这 12.5 美元，把钱还给了父亲。

这位男孩就是已经故去的美国前总统里根。他在回忆这件事时说，通过自己的劳动来承担过失，使我懂得了什么叫责任。

犹太人认为，孩子有了过失的时候，恰好是父母对其进行教育的良机。因为内疚和不安使他急于救助，而此时明白的道理有可能刻骨铭心。不论孩子有什么过失，只要他有一定的能力，就应当让他承担责任，这才是现代父母的真正爱心。

犹太父母经常告诉孩子："放弃自己的责任是上帝所不宽恕的事情。"所以，犹太人在现实的生活中，从不逃避自己的责任。为了负起自己的责任，他们甚至可以去倾家荡产，可以去牺牲性命。正是因为犹太人在任何时候都不会放弃自己的责任，所以他们讲究诚信，在商场注重契约。

在犹太人眼中，责任感不是天生的，孩子的"先天"不足，不应该责怪孩子，它应归咎于家庭教育。许多父母对孩子在生活上呵护备加，而对责任感的教育却严重不足。他们认为孩子还小，长大会慢慢意识到的。

事实上却不是这样的。有一位年轻的母亲对儿子自私、不合群发愁，她去请教生物学家达尔文。达尔文问："你的孩子多大啦？"她回答说："快 4 岁了！"达尔文马上严肃地说："对不起，你对孩子的教育已经晚了快 4 年了！"这则故事告诉我们，对孩子责任感的教

育应从小抓起。

孩子是一张纯净的白纸，他一来到世界，就观察大人的一言一行、一举一动。家长们应像犹太父母那样，严格要求自己，做有责任感的好家长，好公民，并时刻以身作则。要求孩子办到的事，自己首先要做到，为孩子树立一个好的榜样。从平时抓起，从点滴做起，让孩子们时时处处去体验。让他们学会去关心他人、热心公益、热爱集体、尊敬师长，使这些行为成为孩子们日常生活的一种习惯。要让孩子时时刻刻懂得，如果是自己办错了的事，就该自己负责任，从而引以为戒，不犯或少犯类似错误。

家庭和睦的孩子更易成功

家庭是一个神圣的地方，从和睦友爱的家庭中走出的孩子，更容易获得成功和接受丰厚的报酬。

有两个兄弟为了母亲的遗嘱而争吵起来，双方各执一词，互不相让。最终反目成仇，互不来往，见面也形同陌路人。

这兄弟俩自幼形影不离，战争期间，相依为命。不料，现在却为母亲的遗嘱反目为仇。时间长了，二人都觉这样不妥，分别到拉比那里诉说情况，希望能言归于好，恢复手足之情。

拉比趁机给他们讲了一段《塔木德》上的故事：

在以色列某地，有两兄弟，哥哥已经结婚生子，弟弟还是单身汉。父亲死后，他俩平分了父亲的遗产。

苹果和玉米丰收之后，兄弟俩把它们公平地分成两份，储存在各自的仓库里。

弟弟想，哥哥是有妻室的人，开支较大，生活肯定有难处，而自己单身一个，不应该平分收成，便在夜里把自己所分得的收成搬一些到哥哥的仓库里。

哥哥也在想，自己已有妻儿，年老之后有人侍奉，弟弟仍旧孤身一人，应该为他储备积蓄，以供结婚和养老之用。哥哥在这么想着的时候，也在夜里把自己所分得的收成装进麻袋，悄悄地往弟弟的仓库里搬。

第二天，两人去仓库时，惊讶地发现仓库里的东西跟前一天相比，并没有减少。虽然心中纳闷，但脸上并没有表现出来。

第二天晚上和第三天晚上，兄弟二人仍然重复着前一天晚上所做的事。

在第四天晚上，兄弟俩在搬运途中不期而遇，当他们发现彼此之间竟是如此关心对方时，连忙放下手中的东西，感动得相抱而泣。

这个故事使为了母亲遗产而闹纠纷的兄弟俩听后大受感动，他们当着拉比的面握手言和，欢快而去。

犹太人不仅重视兄弟之间的关系，更重视家庭的和睦。

拉比美雅是众所公认的天才演说家。每个周五晚上，他都要在礼拜堂里宣讲教义，听者数以百计。其中有一位妇女对美雅的口才佩服得五体投地，为之着迷不已。

通常，周五晚上，犹太妇女都要在厨房准备安息日的饭菜，但是这位崇拜美雅的妇女，每次都到教堂听讲而耽误了家里的事。

美雅讲道时间很长，但听众却感觉不到，时间在不知不觉中过去。有一天，这位妇女听完讲演回到家时，发现丈夫怒气冲冲地在门口等她，看到她就暴跳如雷地骂道：

"明天就是安息日了，饭菜还没有准备好，你到哪里去了？"

妇女回答道：

"我到教堂去听拉比美雅讲道了。"

丈夫气急败坏地说：

"除非你往拉比的脸上吐一口痰，否则你休想再进这个家。"

这位妇女只得暂时借住在朋友家中。

消息传到拉比美雅的耳朵里，他深感不安，因为自己讲道时间过

长而破坏了一个家庭的和睦。自责的同时，他邀请这位妇女到自己家中，对她说：

"我的眼睛很痛，用水洗一洗也许会好一些。请你替我洗一洗。"

这位妇人听后非常生气，以为美雅是在调戏她，就朝美雅的眼睛吐了一口痰。

弟子们问美雅："您是一位尊贵的受人尊敬的拉比，怎能甘受侮辱而不声不响呢？"

美雅说："只要能挽回一个家庭的和睦，任何牺牲都是值得的。"

《塔木德》说：

家庭是一个神圣的地方，从和睦友爱的家庭中走出的孩子，更容易获得成功和接受丰厚的报酬。

不要让孩子感到窘迫

对孩子进行简单而行之有效的惩罚，要比苛刻的惩罚更有立竿见影的效果。不要因为你的孩子不肯吃那些你认为对他身体有好处的东西，而对他实行一个星期的限制，拿走他的点心就可以了。

惩罚孩子时，不要让孩子感到羞辱或者说是被贬低，也不要让孩子感到窘迫。

父母惩罚孩子的目的是要让孩子认识到，不好的行为源于某种不好的决定，良好的行为取决于某种好的决定。当父母惩罚孩子让孩子感到窘迫时，这种惩罚所制造出的不健康的感情会让孩子受到某种程度上的伤害。

同时，这种窘迫只会导致孩子认为你卑鄙或者是不公平。

当这种情形出现时，你的孩子可能会以怒气相对抗，出现这样的情况只能让你与你的孩子之间形成一种恶性循环。

惩罚必须合理。对孩子进行简单而行之有效的惩罚，要比苛刻的惩罚更有立竿见影的效果。惩罚是依据孩子的不良行为的大小做出适当的处理。不要因为你的孩子不肯吃那些你认为对他身体有好处的东西，而对他实行一个星期的限制，拿走他的点心就可以了。

合理的惩罚，会让孩子认识到恰当的行为对他们来说是重要的。

对于孩子反复发生的不良行为，只有在你尝试过几种积极的补救措施之后，实施惩罚才是应该的。例如你的两个孩子吵架，你可以对这两个吵架的孩子说：

"如果你们不停止打架，这个周末你们就不要出去玩。"

指出孩子的不良行为时，他们的影响比惩罚的效果更好。当孩子们相互协作和共享欢乐的时候，使用鼓励和肯定的态度，会有另一种效果。

对于孩子的不良行为，大多数成年人会首先想到用惩罚来处理这件事，如果你用肯定性的反馈来加强不良行为举止的对立面，就可以改善不良行为举止本身。肯定性反馈使用起来容易得多，也有趣得多，肯定性反馈创造孩子们的内在动力。它教孩子自律，并能促成一种健康、愉快的家庭氛围。

使用肯定性反馈，强化孩子某种良好行为举止，当他们试图用某种否定方式引起你的注意时，不要理睬他们。

回家迟到的孩子第二天不能外出。

没有完成份内家务活的孩子要丧失部分零花钱。

对孩子使用肯定性反馈有以下好处：

1.让孩子愉快地接受。

2.强调孩子良好的行为和举止，它教会孩子思考。

3.增加动机。

4.给孩子创造出成功感。

5.增强孩子的自尊。

6.给孩子自信。

7.教会孩子相信他们的决定。

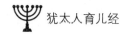
8. 激励孩子去寻找目标。

9. 当孩子做出好的决定时，他感到开心。

10. 鼓励孩子和父母们交谈。

11. 教会孩子看到其他人肯定性的方面。

成功的父母强调积极的方面。肯定性反馈、杜绝和惩罚总是有效的，无论你是否意识到了这一点。成功教育的关键是清醒地认识到这些原理，并根据你的需要加以使用。

把孩子的话听完再说

当孩子跟父母说话时，父母要尽可能放下手中的活，听孩子说话。只有这样，才能让孩子觉得父母很在意他说话，感到自己受到尊重和鼓励，也就更愿意向父母说出自己的内心感受了。

在家庭教育中，有一些孩子兴冲冲地想跟父母说一些事，但父母总是忙着手中的事，不顾孩子想说什么就武断地打断孩子的话。有的父母在惩罚孩子时，根本不想听孩子要说什么，也不想去了解事情的根源。

如果这样下去，亲子之间的沟通就会发生问题。

如何来克服这个问题呢？一位犹太家长认为，作为父母，首先要做到的是：当孩子跟父母说话时，父母要尽可能放下手中的活，听孩子说话。只有这样，才能让孩子觉得父母很在意他说话，感到自己受到尊重和鼓励，也就更愿意向父母说出自己的内心感受了。如果和孩子形成这样的良性循环，孩子也就不会向父母隐瞒什么了。

作为一个称职的父母，在听孩子的谈话中，不但要努力地听进去，而且还要思考，能从孩子的谈话中发现孩子谈话中的闪光点。对不好的加以指正，对好的加以真诚的赞扬。当然，在这个过程中要用平等与欣赏的态度与孩子讨论。

在与孩子的交谈中，如果孩子指出父母的缺点，父母应该谦虚地接受，并表示感谢；或者向孩子解释自己为什么会有这种缺点，甚至可以真诚请孩子帮助自己改正缺点。

在与孩子的交谈中，如果孩子主动把自己犯的错误、接受的批评告诉了父母，父母应该首先表扬孩子的勇敢精神和真诚态度，对孩子这种直面现实的行为表示肯定。接下来可以和孩子一起进一步分析他面临的问题，包括原因、克服的措施，甚至于可以进一步讨论。如果不改正缺点和错误会造成什么样的后果，让孩子加深对问题的认识，增强改正缺点的决心。

在与孩子的交谈中，不少父母都认为孩子不会说出什么有意义的事情。这种认识是不对的，一个孩子有他的经历就会有他自己的思想。虽然孩子很小，可是他们也有得到尊重与爱的需要。因为孩子弱小，一切都要靠成人帮助，因此往往显得特别的无助，这也就更加需要父母的关心和爱护。

如果作为父母只顾自己感情的需要，不顾孩子的心理需要，把自己的意志强加在孩子的头上，强迫孩子按照自己的想法去做，这样只能让孩子更加孤独。如果父母仔细倾听孩子的诉说并回答孩子的问题，不但可以加深亲子关系，还可以加强孩子的信赖感和安全感。

孩子成功来源于父母夸奖

如果父母对孩子的成绩视而不见，只是一味地指责孩子，孩子可能会认为自己做什么都不行，在孩子心里父母的要求永远也达不到，这就会使孩子非常沮丧，以至于完全放弃努力。

犹太智者朱西蒙特认为：鼓励孩子的真正意义在于父母对孩子的宽容，而这类宽容的直接表现是多给孩子一次机会。

在我们周围，不是有很多人抱怨自己没有获得成功的机会吗？既然成年人都这样渴望机会，那么孩子也一定需要。

塞德兹博士七岁的孩子学骑单车时，一开始怎么也学不会，而且摔得浑身是伤。连孩子的妈妈也不忍心孩子再学下去了。只有他坚持认为孩子可以学会，并不断地鼓励孩子说："爸爸相信你，你一定能学会，你是一个非常棒的孩子，只要再坚持就能学会。"果然，没过多久，孩子就学会了骑车。

有些父母常常忽视孩子自身的特点和心理感受，不问什么理由随意打骂孩子，这样很容易挫伤孩子的自尊心。相反，如果父母对孩子不断进行鼓励，就会让孩子得到一种成就感。这是每一个做父母的应时刻关注的，也是时刻所要注意的。

在生活中有很多孩子在经过父母的无数次打击之后，便不再按照父母所希望的方向去努力，反而用反抗的心理逆向而行。这是为什么呢？

因为孩子从未得到过父母有效或恰当的鼓励，这样就导致了孩子自暴自弃，自贬自卑，认为自己做不出有价值的贡献，干脆就惹是生非弄出一些麻烦来，以期得到别人的注意。

孩子的自信，是在一次次成功的行动中培养起来的。因此，要尽量让孩子自己去探索，让孩子自己去搞懂自己不明白的事，让孩子自己去做自己想做的事，这样就能让孩子满足自己的成就，体验到成功的喜悦。

在很多家庭中，父母都希望自己的孩子是诗书满腹的才子，不停地向孩子灌输各种各样的知识，殊不知这种灌输对孩子的信心有很大的束缚作用。父母经常低估了孩子的学习与自我观察能力。只要父母们留心就可以发现，自己的孩子有时有出人意料的聪明之举，这是因为孩子的思路开阔，对事物有惊人的理解与洞察能力，没有任何观点的束缚，很多见解超过了成年人。

在生活中，父母忽略了孩子这一点，无心去思考孩子的意见。当他们迫使孩子接受自己观点的时候，孩子们积极去探索世界奥秘的信心遭受了粗暴的打击。

作为父母，应当细心观察自己的孩子在哪些地方取得了进步，并对孩子这种进步进行适当的表扬与肯定。有的父母见到孩子做了一件不错的事也缄口不言，从不夸奖孩子，怕助长孩子的傲气，其实不然。作为父母为什么不为孩子的进步而感到骄傲呢？

父母在表扬孩子时既要注意用温和平静的口吻，把话讲清楚，让孩子有一种亲切感，又要用充满鼓励的眼神，让孩子从你的眼中看出你对他的嘉许。

父母指出孩子的不足时，也要采用适当的方式。最好先肯定孩子的成绩，然后再进一步指导孩子怎么做。如果父母对孩子的成绩视而不见，只是一味地指责孩子，孩子可能会认为自己做什么都不行，在孩子心里父母的要求永远也达不到，这就会使孩子非常沮丧，以至于完全放弃努力。

很多教育家的理论证明，每个人都有成就感与自尊感的需要，每个孩子也不例外地渴望获得他人的认可与肯定。对孩子进行鼓励之所以能够帮助孩子树立自信心，这是因为符合孩子喜欢成功、喜欢鼓励的心理特点，它可以成为一个孩子成功的动力。

孩子的成功来源于父母的夸奖。孩子需要成功，也需要夸奖与鼓励。父母如果希望孩子成才，首先要为孩子创造机会让孩子尝到成功的欢乐。在每个孩子身上都有某方面的成功或优点，如果父母善于发现和肯定，就会使孩子更加自信，更有热情，更加努力，这是一个良性的循环。

相信就能做到任何事

相信，能使人努力克服困难，排除障碍，去争取胜利。如果你对自己有充分的信心，你就能做到任何事情！

一个星期六的下午，斯帕克急匆匆地回到家，准备把院子里的一些必须做的工作处理掉。当他正在打扫院子里的落叶时，5岁的儿子尼克走过来，拉了拉斯帕克的裤腿："爸爸，我需要你帮我写一个牌子。我打算把我的一些石头卖掉。"

尼克一直对石头很着迷，他自己从各处搜集了许多。此外，别人也送给他一些，在他家的车库里放着满满一篮子的石头，他定期为它们清洗、分类和重新堆放。它们是他的珍宝。

过了一会儿，尼克拿着他的牌子，一只小篮子和四块最好的石头向车道尽头走去。在那里，他把石头一字儿排开，把篮子放在它们的后面，自己则在地上坐下来。斯帕克从远处注视着儿子，关注事情的发展。

大约过了半个小时，没有一个人从那里经过。斯帕克走过车道来到儿子面前，想看看他正在做什么。

"怎么样，尼克？"斯帕克问。

"很好。"他回答。

"这个篮子是做什么用的？"斯帕克问。

"放钱的。"他一本正经地回答。

"你给石头定价多少？"

"每块1美元。"尼克说。

"尼克，没有人会愿意出1美元买一块石头的。"

"不，有人愿意的！"

"尼克，我们这条街道一点也不繁华，没有什么人从这里经过，你为什么不把这些东西收起来，去玩一会儿呢？"

"不，有许多人从这经过，爸爸。"他说，"人们在我们这条街道上散步，骑自行车锻炼，还有人开着他们的汽车到这里来看房子。这里有很多人。"尼克一直耐心地坚守着自己的岗位。又过了一小会儿，一辆小型货车沿着街道驶过来。当尼克精神抖擞地把他的牌子举起来使它正对着那辆小型货车的时候，斯帕克凝神注意观察着。当那辆小型货车从尼克面前慢慢经过的时候，他看见一对年轻夫妇正伸着脖子在看尼克的牌子上的字。他们继续沿着这条道路向前方的死胡同开去，不大一会儿，他们原路折回来了。当他们再次从尼克身边经过的时候，车上的女士摇下了玻璃窗，斯帕克听不见他们的谈话，但他看到她转过头对那个开车的男人说了些什么，然后那个男人递给她 1 美元。她下了车，走到尼克面前，在对那些石头做了一番仔细地的观察比较之后，她选中了其中的一块，递给尼克 1 美元，然后开着车离开了。

斯帕克坐在院子里，看着尼克向自己跑过来，他手里挥舞着那张 1 美元的钞票，嘴里大声嚷着："我卖了 1 美元！"

故事中，这位犹太父亲并没有完全限制儿子，而是让他按照自己的想法做事。这正是犹太民族的教育智慧。

在学校里，犹太拉比们常教育孩子说：

相信，能使人努力克服困难，排除障碍，去争取胜利。如果你对自己有充分的信心，你就能做到任何事情！

先超越自己再超越别人

先天只是出身，后天才是生命的实质，生命的实质必然要由超越来维持和升华——超越自我——超越出身——超越局限。

两人各拥有一条长 10 米的绳子，怎么让对方的绳子变短？用剪刀剪短对方的？还是用绳子加长自己的？不同的人的选择是不同的。

《塔木德》上说：超越别人，不如超越自我。

在犹太人看来，人的生命由两部分组成，父母给予的以及自己赋予的，其实也就是先天和后天。先天只是出身，后天才是生命的实质，生命的实质必然要由超越来维持和升华——超越自我——超越出身——超越局限。

犹太人常常用一则故事来教导孩子。

有一对父子俩。父亲性格温和，考虑周到；而儿子却孤僻、傲慢，所以他一直没有成功。

有一天，儿子对父亲抱怨。老拉比说："我的孩子，作为拉比，我们之间的区别是：当有人向我请教律法上的困难问题时，我给他回答。他提的问题以及我的回答，我的提问人和我都满意；但是若有人问你问题，则双方都不满意——你的提问人不满意，是因为你说他的问题不是问题；你不满意是因为你不能给他一个答案。所以，你不能怪别人而必须放下架子鼓励自己，才能成功。"

"父亲，你是说我必须超越自己？"

"是的，"父亲回答，"真正超越从前自我的人，才是真正成功的人。"

正因为犹太人把"超越自己"的历史传统融入了血液中，所以，犹太民族成了全世界最勤奋的民族。

一位犹太教育家说得好：

如果勤劳自勉，借以超越自己，那么总有一天，就会自然而然超越了别人。

不把牛拉出来就不能回家

人生难免会遇到各种各样的障碍。在遇到困难时，不会总是有人奇迹般出现前来救你。能救你的，只是你的苦干决心和奋斗出头的决心。

莱德认为自己的母亲是个了不起的女人。他爸爸因心脏病去世时，他才21个月大，哥哥5岁。母亲虽无一技之长，又没有受过教育，却毅然负起抚育莱德和他哥哥的责任。

莱德9岁时找到了一份在街上卖报纸的工作。他需要那份工作是因为他们需要钱——虽然是那么一点点钱——但是莱德害怕，因为他要到闹市区去取报卖报，然后在天黑时坐公共汽车回家。他在第一天下午卖完报回到家时，便对妈妈说自己决不再去卖报了。

"为什么？"母亲问道。

"你不会要我去的，妈。那儿的粗手粗口非常不好。你不会要我在那种鬼地方卖报的。"

"我不要你粗手粗口。"母亲说道，"人家粗手粗口，是人家的事。你卖报，可以不必跟他们学。"

母亲并没吩咐莱德该回去卖报，可是第二天下午，他照样去了，因为母亲自己就会这样做。那年稍晚时候，莱德在圣约翰河上吹来的寒风中冻得要死，一位衣着考究的女士递给他一张 5 美元的钞票，说道："这足够付你剩下的那些报纸钱了。回家吧，你在这外面会冻死的。"结果，莱德做了他知道妈妈也会做的事——谢谢她的好心，然后继续待下去，把报纸全卖掉后才回家。冬天挨冻是意料中的事，不是罢手的理由。

等到莱德长大以后，每次出门时，母亲都会告诫他："要学好，要做得对。"人生可能遇到的事，几乎全用得上这句话。

最重要的是，母亲教育莱德一定要苦干。母亲会说："要是牛陷在沟里，你非得拉它出来不可。"哪怕是天冻得连眼珠都会裂开，或者下雨，再或不论你喜不喜欢，甚至你不舒服，总是要把牛拉上来。

比起那些宠爱孩子的，犹太父母的教育意识值得我们学习。

人生难免会遇到各种各样的障碍。在遇到困难时，不会总是有人奇迹般出现前来救你。能救你的只是你的苦干决心和奋斗出头的决心。

每个父母都有责任让孩子明白这些道理。

等待的人最终会得到一切

忍耐是一种高素质的象征，善于等待的人最终得到他想得到的一切。

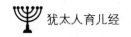

《塔木德》上说——等待的人，最终会得到一切。

据说，犹太史上最伟大的拉比希雷尔，是一个堪称忍耐典范的人。

关于他，在犹太人中还有一个广为流传的故事：

一次，有两个人打赌，说如果谁能让希雷尔拉比发火，就可以赢400元钱。

这天刚好是安息日前夜，希雷尔正在洗头。

这时，有个人来到门前，大声喊道："希雷尔在吗？希雷尔在吗？"

希雷尔赶忙用毛巾包好头，走出门问道："孩子，你有什么事？"

"我有个问题要请教。"

"那就请讲吧，孩子。"

"为什么巴比伦人的头是圆的？"

"你提出了一个重要的问题，原因在于他们缺乏熟练的产婆。"

那个人听完，就走了。

过了一会儿，他又来了，大声喊道："希雷尔在吗？希雷尔在吗？"

希雷尔拉比连忙又包好头，走出门来问道："孩子，你有什么事？"

"我有个问题要请教。"

"那就请讲吧，孩子。"

"为什么帕尔米拉地方的居民都长烂眼睛？"

"你提出了一个重要的问题，原因在于他们生活在沙尘飞扬的地区。"

那个人听完，又走了。

过了一会，那个人又回来了，问：

"为什么非洲人长的都是宽脚板？"

"你提出了一个重要的问题。"希雷尔拉比说，"原因在于他们生活在沼泽地带。"

那个人听完了，没走，又说道："我还有许多问题要问，但我怕惹您生气。"

希雷尔干脆把身上都裹好了，坐下来说："有什么问题，你尽管问吧。"

"你就是那个被人们称为以色列亲王的希雷尔吗？"

"不错。"

"要真是这样的话，但愿以色列不要有许多像你这样的人。"

"为什么呢？"

"因为为了你，我输掉了 400 元钱。"

希雷尔问明情况后，对他说：

"记住了，希雷尔是值得你为他输掉 400 元钱的，即使再加 400 元也不算多，不过希雷尔是决不会发火的。"

在犹太人看来，忍耐是一种高素质的象征，善于等待的人最终得到他想得到的一切。

正如一位犹太老人所说：

如果你的表现不尽如人意，首先要采取的行动是以退为进，而不是铤而走险。

只有尝试才能得到正确答案

孩子的成长过程也是认知的过程，大人的经验固然对孩子的成长有很大的帮助，但孩子的亲自尝试要比大人的教诲深刻得多。即使孩子在亲身体会的过程中犯错误，我们也要允许他们犯错误。

鼓励孩子勇于尝试，让孩子不断提升自我。犹太父母经常强调这一点。

父母是孩子最早的教师，父母的言传身教对孩子的影响非常大。但很多父母在教育孩子时，往往只是直接灌输自己的过往经验，代替孩子回答问题，而不是启发孩子，让孩子在亲身实践中得出自己的答案。

犹太拉比经常给孩子们讲这个故事。

18世纪下半叶，本杰明·韦斯特在英国画坛的杰出表现被称为艺术奇才的"横空出世"。这位英国皇家学院的院长，一生的作品除少数宗教、神话题材的以外，绝大多数是描绘英国在殖民北美洲时期的一些历史题材。他被英王乔治三世奉为上宾，雷诺兹爵士称他为最值得尊敬的怪物。本杰明·韦斯特1738年10月出生于美国，不到20岁就已经是纽约市颇有名气的肖像画家了。

关于自己的成功，他宣称是母亲的一个吻才使他有了今天的成就。本杰明·韦斯特的母亲年轻时叫萨拉·皮尔森，是一个贵格会信徒的女儿，她嫁给了一个贵格会信徒韦斯特之后就一直定居在宾夕法尼亚州的印第安人居住地。他们共有十个孩子，本杰明·韦斯特是十个孩子中的老小。韦斯特的家庭很清贫，十个孩子的大家庭的重担几乎都压在了萨拉一个人的身上。

1745年，本杰明·韦斯特7岁。这年夏天的一天，母亲让本杰明去照看亲戚家的一个婴儿。让他用扇子赶走婴儿脸上的苍蝇。那天中午，在本杰明的细心呵护下，婴儿慢慢地进入了梦乡。小本杰明·韦斯特被熟睡着的婴儿的异常美丽吸引住了。他用手在扇子上比划着，好像要画下婴儿美丽的脸庞。这一切被母亲萨拉捕捉到了。"你想画下宝宝的脸吗？"萨拉微笑着问本杰明。"我不会画画，我画不出。"本杰明说。"可是你不画怎么知道你画不出呢？"萨拉指着桌子上的一红一蓝两瓶墨水说，"你试试。"母亲说完便走了。本杰明拿出一张纸，打开墨水瓶，画了起来。过了好一会儿，画是画好了，可是他的脸上、衣服上都沾了很多的墨水，桌子上也是一片狼藉。他担心母亲看到这个脏乱的局面的话他可能会挨骂。哪知母亲走来后，用她特有的慈爱目光看了一眼那张画，声音颤抖着惊叫起来："哦，天哪，这简直就是小萨莉的照片啊！"然后她搂着本杰明的脖子，亲吻了他一下，并且说，"总有一天你会成为一个伟大的艺术家。"

孩子的成长过程也是认知的过程，大人的经验固然对孩子的成长有很大的帮助，但孩子的亲自尝试要比大人的教诲深刻得多。即使孩子在亲身体会的过程中犯错误，我们也要允许他们犯错误。因为他们有能力去犯错误，也同样有能力改正自己的错误，在犯错误中得到正确的答案，那是最珍贵的。本杰明·苇斯特母亲的做法就很值得我们学习。

　　孩子在日常的学习和生活当中会有许许多多的疑问。做家长的要意识到疑问是孩子求知的动力。犹太家长在孩子有了疑问的时候，先不忙着给孩子正确的答案，他们会因势利导，让孩子在疑问中探求事情的真相，借此启发孩子的探求欲望，这样，孩子的分析问题能力和解决问题能力将会得到加强。

　　每位父母都应该像犹太家长那样，鼓励孩子勇于尝试，让孩子不断提升自我。

（

第 **4** 章

做好人，说好话，存好心

——犹太人怎样进行品格教育

沉淀后要做一个温暖的人。有自己的喜好，有自己的原则，有自己的信仰，不急功近利，不浮夸轻薄，宠辱不惊，淡定安逸，心静如水。

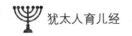

通过创造氛围塑造孩子

不同的生长环境和条件，会造成很大的不同。家庭的心理氛围、家长的心理特征，对孩子的心理发育有着重要影响。

犹太人认为家庭气氛是家庭教育中发挥重要作用的一个因素。它是两种环境关系的产物，一是家庭物质环境，一是家庭心理环境。

尽管犹太民族在发展历史中，大多过着颠沛流离的流浪生活，但是他们竭尽全力给孩子营造出和谐、温馨的家庭氛围。

家庭的物质环境依每个家庭的富有程度的不同而不同，但每个家长都要尽最大努力满足孩子在学习上的物质需要。犹太父母更注重的是家庭心理环境的营造。

在他们看来，家长一定要创造良好的家庭气氛。一是要创造良好的爱的气氛。这不仅要求父母相亲相爱，还要求家长与子女关系融洽。当着孩子的面夫妻不要吵架，家庭成员之间关系不能紧张，要相互信任和体贴，以免给孩子精神上带来苦闷。二是要重视和创造家庭中良好的智力气氛。父母本身对知识要具有巨大的兴趣和追求，给孩子的健康成长产生无形的力量。如果家庭智力气氛差些，可利用邻居、亲戚、朋友及请家教等外部环境的智力气氛来改变家庭智力气氛。

营造良好家庭气氛的同时，要防止孩子从小受较窄家庭智力气氛的影响。家长教育孩子在良好家庭智力气氛的影响下正常地学习，愉快地成长，又要不受家庭智力气氛的束缚，广泛地吸收来自外界一切有益的"养料"。

在加利福尼亚有一片高大的红杉树林，其中有一种树叫"大谢尔曼"，高达200多英尺，树围有79英尺，它被砍倒后，木料足够建35幢带5个房间的房屋。日本人种植一种叫"盆景艺术"的树，它虽然只有几英尺高，却有着完美漂亮的树形。"大谢尔曼"与"盆景艺术"种子的质量都不足 1/300 盎司，但长成后差别却是巨大的，差别背后的故事就是一个环境带给我们的启示。

"谢尔曼"扎根于加利福尼亚的沃土，吸收丰富的水分、矿物质和阳光，最后长成一棵高大的植物；而当"盆景"冒出芽时，日本人将它拔出泥土，除去直根和部分须根，故意抑制其生长，最后它就长成了一棵虽然漂亮但是很小的小型植物。

由此可见，不同的生长环境和条件，会造成多么大的不同。家庭的心理氛围、家长的心理特征，对孩子的心理发育有着重要影响。犹太父母在营造良好的家庭氛围时通常会注意以下几点：

首先是平等。这是创造良好家庭氛围的前提。父母、子女任何一方的优越感，都会对其他家庭成员造成心理压力、产生心理隔阂。

其次是开放。家庭成员要坦率地、平等地以其他成员可以接受的方式，表达自己的想法，而不是毫无顾忌地发泄。家长的教育能力和家长之间关系的和睦程度，直接影响良好的家庭心理氛围的形成。

最后是理智，只有理智才能够克制自己的心理冲动，冷静地对待和处理问题。只有这样才有利于保持良好的家庭心理氛围，有利于帮助孩子形成稳定的心理特征。

给孩子一个勇敢的理由

儿童产生惧怕心理的原因与成年人一样，关键的问题是成年人懂得如何去应付恐惧，而孩子们却还不知道如何应付。

胆量、勇气和魄力无疑是这个时代重要的品质。许多成功人士都是依靠勇气在事业上胜人一筹、取得成功的。

做父母的都希望自己的孩子具备勇敢的品质，但有些孩子的胆子却很小。比如有些孩子，父母不在身边时就会感到害怕，有的孩子怕黑，有的孩子怕"鬼怪"等等。长期下来，这些都会影响到孩子的个

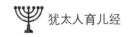

性发展，使他们缺乏独立性，甚至会导致某些心理疾病的发生。有些父母往往会在这种情况下训斥孩子，说孩子是"胆小鬼"，甚至给以处罚，这些做法都是极不明智的，都会对孩子的自尊心造成极大伤害。既改变不了孩子的胆小状况，还可能使孩子的惧怕心理更加严重。

一位儿童心理学家说过："儿童产生惧怕心理的原因与成年人一样，关键的问题是成年人懂得如何去应付恐惧，而孩子们却还不知道如何应付。"因此，父母应细心观察，找出孩子产生恐惧的原因，并帮助他们消除恐惧，从而培养孩子的自信心和勇敢的品质。在这一点上，犹太父母是怎样做的呢？

一、注重父母的榜样力量

孩子特别爱模仿自己父母的言行，因而，父母的榜样作用对孩子影响极大，父母应该以自己无所畏惧的形象来影响孩子。此外，父母还应该坦率地承认自己也曾害怕过某些东西，但现在已经不再害怕它们了。这样，孩子就会明白，他并不是世界上唯一害怕这些事物的人。让孩子从父母的身上知道，这些事物并不那么可怕，是可以被征服的，恐惧的心理便会得到克服。

二、按照孩子的方式消除他们的惧怕心理

孩子们从小就从童话故事和小人书里知道了鬼怪的故事，因而他们惧怕鬼怪。但是这时给他们讲唯物论是没用的，最有效的办法是对孩子说他是勇敢的孩子，当他在屋里时鬼怪是不敢跑进来的，或者说鬼怪怕好孩子等。这样，孩子便很容易接受你的话，并消除惧怕心理。

三、了解孩子真正害怕的事

有些时候，孩子们往往言行不一地掩盖他们真正所害怕的事情。比如一些孩子每当父母要外出时总是哭闹不止，不让父母出去，实际上他们是怕一个人呆在屋子里。因此，要细心观察孩子的日常言行，了解他真正害怕的事情，然后对症下药加以解决。

四、从小就培养孩子的独立性，树立他们的自信心

父母不要对孩子过分呵护，相信他们自己能够做到。要经常鼓励孩子自己去面对困难，克服其依赖性，使他们感到自己有能力、有办法应付遇到的问题和困难。

五、不要强迫孩子否认令他们感到害怕的事物

做父母的，要正确对待孩子所害怕的事物。心理学家认为，只有当孩子感到你承认他们害怕的东西是客观存在时，他才会相信你对解除他的害怕所做的解释。

一种非常有效的方法是教给孩子关于某些事物的知识。如有的孩子害怕猫、狗等小动物，父母就可以给孩子讲一些有关这些动物的小故事，并告诉他们这些动物一般不会伤害人，但要学会与它们相处的方法。这样，就可以帮孩子增强安全感。

从以上犹太家长教育孩子的方法上看，要培养出勇敢的孩子，父母们就要从自身做起，并经常与孩子进行沟通，了解他们的真实想法，有意识地锻炼他们的独立性。坚持下去，父母就会发现自己的孩子正渐渐成为一个勇士！

孩子毅力取决于家长意志

天下无难事，只怕有心人。只要下定决心，有恒心、有毅力，那么天底下再难的事也会变得容易了。穷和尚虽然没有钱，坐不起车船，但是因为他有坚强的毅力，能够长途跋涉，最终依然能够达成愿望。

孩子有毅力，才能学习好。要学好本领，必须苦练基本功，必须持之以恒。只有坚持不懈地练习，才能精通。

犹太家长尤其注重孩子非智力因素的培养。非智力因素包括许多方面，对于孩子来说，意志应该是一个重点。意志太重要了。意志薄弱对任何人来讲都是致命的弱点，意志薄弱不只影响孩子的学习成绩，它还会影响孩子一生的发展。杰出人物几乎都是意志非常坚强的人；而几乎所有违法犯罪者都是意志薄弱者，他们控制不了感情，抵挡不

了诱惑。

犹太家长经常给孩子讲下面的故事。

意大利著名小提琴家帕格尼尼，最擅长演奏旋律复杂多变的乐曲，他高深的琴技很受喜欢古典音乐者的欣赏。有一天晚上，帕格尼尼举行音乐演奏会，有位听众听了他出神入化的演奏之后，以为他的小提琴是具魔琴，便要求一看，帕格尼尼立即答应了。那人看看小提琴，跟一般的琴没什么两样，心里觉得很奇怪。帕格尼尼看出他的心事，便笑着说："你觉得奇怪是不？老实告诉你，随便什么东西，只要上面有弦，我都能拉出美妙的声音。"那人便问："皮鞋也可以吗？"帕格尼尼回答："当然可以。"于是那人立刻脱下皮鞋，递给帕格尼尼。帕格尼尼接过皮鞋，在上面钉了几根钉子，又装上几根弦，准备就绪，便拉了起来。说也奇怪，皮鞋在他手上，演奏起来竟跟小提琴差不多，不知情的人，在听了这个美妙的旋律之后，还以为是用小提琴拉的呢！

钻研任何一种技艺，只有长期坚持苦练，才能达到出神入化、随心所欲的境界。

天下无难事，只怕有心人。只要下定决心，有恒心，有毅力，那么天底下再难的事也会变得容易了。穷和尚虽然没有钱，坐不起车船，但是因为他有坚强的毅力，能够长途跋涉，最终依然能够达成愿望。

做家长的经常会因为孩子的下述表现而苦恼：

孩子一会儿学这，一会儿学那，一天到晚忙忙碌碌，却不见成效；孩子在做事时，前怕狼，后怕虎，怯懦胆小，犹豫不决；孩子自制力差，上课经常开小差，学习时精力无法集中，或者是制订计划但不执行，一遇到困难就退缩。以上行为都是意志薄弱的体现，如果孩子长期存在这种问题，那么他们将来很难有所成。

犹太家长在培养孩子毅力方面是这样做的：

一、从点滴小事上培养

有些孩子意志不够坚强，但又不肯从小事做起，以为一节课，一次作业，无多大关系，这些与意志无关。岂不知，就是这小小的一堂课，一次作业，滋长了意志薄弱的蔓延，最后才导致学习上的"全线崩溃"。反之，学习上意志坚强的人，必定认真对待每一堂课，每一次作业，积小胜为大胜，获得学习上的成功。

二、凡是孩子自己能做的事情，家长不插手不包办

若一时搞不清孩子能不能做到，应该让他先试一试，家长再决定帮不帮、帮到什么程度。要想使孩子意志坚强，家长自己先要做一个理智的人、能保证自己的"爱心"不泛滥的人。

三、学会拒绝

对孩子的不合理要求，家长必须学会拒绝，否则就是在鼓励孩子放纵感情。这方面特别要注意的是夫妻间要互相通气，保持一致，以免孩子钻空子。绝不可以认为谁满足孩子的一切要求谁就是爱孩子，那样会使孩子任性的，任性是学习成绩不好最重要原因之一。

四、学会"撤退"

当孩子遇到确实解决不了的学习问题时，家长不要硬逼他完成什么指标，要"撤退"。"撤退"不等于"败退"，"撤退"之后要想办法找内行的人看看孩子问题到底出在哪里，加以解决。明明打不胜的仗硬要打，很容易摧毁孩子的意志。

五、延迟满足

对孩子的合理要求，只要情况允许，最好也不要立刻满足，要让他等一些时间，让他学会忍耐，让他知道这个世界不是为他一个人准备的，他所要的东西不是立刻就可以到手的。要磨孩子的性子，磨他的脾气，使他变得更有弹性，更有耐心，这对学习是非常重要的，因为学习是慢功，不能一蹴而就。

六、帮助孩子制定学习目的和计划

对每章、每节的学习，要制定出学习的目的和计划，且要经常检查和监督。对日常生活中的许多小事，也要有计划和目的。比如，为了培养自理能力，坚持让孩子自己洗衣服，自己打扫房间等，日积月

累，就会养成做事有目的性的习惯。

七、对孩子进行适当的挫折教育

学习中的"失败"，是哪个孩子也不能避免的，关键是教他如何面对失败。遇到困难和挫折时，帮孩子冷静分析其原因，看看用什么办法才能克服困难，切忌动辄就给予帮助和呵护。这样容易使孩子的意志品质不断地被"软化"，无法经受住暴风雨的袭击。

八、要求孩子学习时要一心一意

有的孩子学习时，经常是削削铅笔，捅捅这个，摸摸那个，总不能集中精力去学习。有时慑于家长的威严，在那里磨时间，其实是他对学习不感兴趣。为了养成一心一意学习的习惯，可适当缩短其学习时间，要求在一定时间内完成一些作业，做完后，就可以痛痛快快地玩。不通过学习时间的长短来判断学习质量。如果常常在那里磨时间，容易在学习中形成一种惰性，一遇到困难就止步不前。

九、形成良好的学习习惯

孩子意志水平的高低往往取决于是否有良好的学习习惯，独立思考、持之以恒、锲而不舍、循序渐进等都是些良好的学习习惯。而一曝十寒、半途而废、虎头蛇尾、知难而退等，都是些不良的学习习惯。

十、给孩子找点需要长期坚持的事情做

例如天天扫地，坚持晨练，写日记，照顾邻居老人，为教室开门等等，至少要能坚持一个学期。这种事对培养孩子意志作用很大。不过不要硬派，要和孩子商量，让孩子自己下决心。中间如果孩子半途而废，家长不要发火，要再给孩子机会。培养坚持性本身就需要家长有坚持性，不能急于求成，也不要讲什么大道理。培养意志靠的是行动，而不是说教。

这样看来，能否培养孩子毅力，这是对家长教育艺术的考验，更是对家长毅力的考验。意志坚强的家长才能培养出有毅力的孩子。

邻人的祸患就是你的祸患

如果你希望孩子表现得体贴、大度、肯帮忙，你就必须身体力行，示范给孩子看。要是你自己都言行不一，孩子只会模仿你的行为，即使你把原则和指令讲得头头是道，也一点用处也没有。

人的本质是爱的相互存在，人的生活是与他人的相互交往构成的。培养孩子从小乐于帮助他人的美德，对孩子今后具有高尚的情操、健全的人格有不可估量的影响。

乐于助人是犹太人格外崇尚的美德。犹太儿童从小就被灌输乐于助人的思想。犹太拉比经常给孩子讲一个故事：

从前一个农场里有个叫罗思的年轻人。有一天接近黎明时，窗户外一片混乱，被惊醒的罗思睁开惺忪的双眼，他猜出是恶狼闯进了邻居家的畜圈，咬得牲口在院子里直叫。"罗思，我还以为您不在家呢！"早晨见了面，邻居责备他说，"我家的一头小牛犊被狼拖走了，您怎么不带上猎枪出来搭救一下呢？""我实在困倦，累得要命，睡得太死！"罗思打个哈欠说，"我什么都没听见啊……"

没过多久，罗思晚上入睡时忘了关门，狼闯进他家把他的孩子咬死了。

不要装聋作哑，无视邻居的祸患。

现实生活当中，常常会有些事情给人带来喜悦或烦恼，带来幸福或悲伤，带来顺利或困难，带来成功或失败。无论处于何种境地，人都需要别人给予相应的理解和帮助。因此，培养孩子乐于助人的精神，就成为了儿童教育中的一个重要课题。犹太人是这样做的：

一、布置有用的任务

让孩子在邻居之间或是校园里做点有益的事情，比如照料宠物，做饭，教弟弟妹妹们做游戏，或者给不幸的孩子制作玩具，这些都可

以培养大多数孩子乐于助人的品质。当然，并非所有的孩子都能自发地做这些事情，必须有人鼓励他们，教他们，甚至有时需要强迫他们。

二、父母以身作则

要培养乐于助人的孩子，最重要的就是：如果你希望孩子表现得体贴、大度、肯帮忙，你就必须身体力行，示范给孩子看。要是你自己都言行不一，孩子只会模仿你的行为，即使你把原则和指令讲得头头是道，也一点用处也没有。

三、创造温馨的家庭环境

有些父母爱孩子，教育孩子时经常鼓励孩子，他们的孩子就总是乐于助人、更为别人着想、更富有同情心。这反映出孩子效仿了你的行为。要是孩子情绪好的话，他是极有可能帮助别人的，所以努力让他保持那种状态是非常值得的。

四、定规矩，并且解释清楚

有些父母会对孩子说："要是你打他，会弄痛他的。"然后他们会向孩子解释这类行为的后果，然后指出"你不可以打人"这条原则。他们用这种方法培养的孩子更具有同情心。

有许多研究表明，对孩子阐明慷慨助人的理由，尤其是强调说明他人的感受时，最能帮助孩子养成体贴、友善的行为方式。

品德决定成就高低

贫困固然不方便，但过富也不一定是好事。必须依靠自己的力量谋求生活。

犹太父母除了教育孩子热爱学习，掌握知识，拥有智慧外，还总是给他们讲品德的重要性，鼓励孩子从小就要做一个品德高尚的人。

事实上，所有取得巨大成就的人，无一不具有高尚的道德情怀。

列宁的父母乌里扬诺夫夫妇就特别重视对子女进行道德教育。他们采取各种方法，如解释、亲身示范、引导孩子经常实践、及时提醒、耐心培养习惯等，从小教育孩子尊敬长者，待人和气，举止大方。

当孩子们还很小的时候，乌里扬诺夫夫妇就常常嘱咐孩子们注意自己讲话的语调，不要高声喧哗；倘若别人偶尔心情不好，对你不友好，你就应予谅解；如果有同学发音不对，应该用委婉客气的语气帮助他纠正，而不应该讥笑；如果佣人情绪不佳，愁眉不展，你应该安慰她，使她高兴起来；睡觉前不要忘记向大家问晚安，包括最小的弟妹在内。在乌里扬诺夫夫妇良好的教导下，列宁和他的兄弟姊妹们，不管是谁，从来没有过粗野无礼的行为，从不欺负别人，除了那些不足挂齿的小人之外，对别人从不采取轻视的态度。

列宁小时候无论同谁谈话都持同样尊重的态度，不管是自己的教师，还是伏尔加河纤夫、搬运工人、洗衣妇。有时他在喀山省柯库什基诺村外公家过夜，和农村儿童玩过家家游戏，他总像对待自己的表兄弟那样，以礼相待。他还很有礼貌地帮助别人。有一次，一个贫苦农民赶的大车陷入沟里，他帮这位农民拉出来，还捡起农民掉在地上的手套，很恭敬地跟他交谈，分别时还客气地和他握手道别。列宁的哥哥亚历山大·伊里奇·乌里扬诺夫对待父亲的信差——一位文化不高的老人十分亲热。每次见面都要热情问好，分开时总拥抱告别。

凡是熟悉列宁的人，都十分称赞他的举止：走路时一定让同伴先走；给老人和妇女让座；别人哪怕是在很小的事情上帮助了自己，也一定要表示道谢；自己有了过失，总是请求别人原谅；亲吻母亲的手。更难能可贵的是，无论是在穿着树皮鞋和破衣烂衫的农民或工人中间，还是在刚刚从前线回来的士兵中间，列宁总是不失这样的高尚本色。正是他那热情又不失礼貌，大方得体的态度，从未使他脱离人民大众。因此，人民也对列宁无比亲近，乐意跟他谈心里话。

在对孩子进行品德教育时，我们可以借鉴乌里扬诺夫夫妇的教育方法，教育孩子："品德决定成就的高低"。

那么，如何培养孩子的品德呢？以下是为犹太人所推崇的居里夫人的品德教育方法，总结起来包括以下四个方面：

首先，教育孩子必须热爱祖国。除了教孩子波兰语外，居里夫人还以自己致力于祖国科学发展和帮助波兰留学生的行动感染伊伦娜和艾芙。最为突出的是，她以祖国波兰来命名首次发现的新元素"钋"，表现了她浓浓的赤子之情。

其次，培养孩子勇敢、乐观、坚强、克服困难的品格。居里夫人常告诫两个女儿："我们必须有恒心，尤其要有自信心。"

再次，培养孩子重实际、不空想的作风。居里夫人与子女共勉道："我们不应该虚度此生。"

最后，培养孩子节俭朴实的品德。居里夫人对女儿的爱，表现为一种有理智的爱，一种有节制的爱。她对女儿生活上严加管束，要求她们"俭以养志"。她教育女儿说："贫困固然不方便，但过富也不一定是好事。必须依靠自己的力量谋求生活。"

每位父母都应该向犹太人那样，重视对孩子的品德教育。从孩子懂事的时候起，就给他们讲述从古到今的各种劝人行善的故事，讴歌仁爱、友情、度量、勇气、牺牲的篇章，把孩子培养成为品德高尚的人。

培养孩子的博爱之心

父母和孩子一起参加有组织的社区服务活动，定期帮助他人，不仅能培养孩子关心他人的品质，增加孩子的亲和力，也能教会他们许多社会技能，使他们懂得合作的重要性，以及锲而不舍、持之以恒的价值。

在美国和欧洲各国，犹太社区会搞一些社区服务活动，大多数孩子会定期参加这些类似帮助弱者的活动。这些活动使孩子们对帮助他人有了亲身体验，也就懂得了活动的真正含义，因而养成了助人、博爱的好习惯。

父母和孩子一起参加有组织的社区服务活动，定期帮助他人，不仅能培养孩子关心他人的品质，增加孩子的亲和力，也能教会他们许多社会技能，使他们懂得合作的重要性，以及锲而不舍、持之以恒的价值。

如果父母不是某些宗教和社区服务团体的成员，不能让孩子参加社区服务，那么下列活动可以帮助孩子培养博爱之心：

做饭时让孩子在厨房帮忙。

参加拯救濒危动物组织。

帮助邻居打扫卫生。

给老年人读报。

给小孩当家庭教师。

和生病的小朋友一起玩耍。

当然，这些活动最好是父母与孩子共同参加，优先选择那些能引起孩子兴趣的，对家人和孩子有意义的活动。

品格高尚者生活在白天

凡品格高尚者，会永远生活在白天，事业上很少有绊脚石。反之，品质恶劣而又不懂自我提高修养者，永远行走在黑暗中。

有一次，一位极有名望的高官前去看望犹太大哲学家斯宾诺莎。这位高官见他穿着一身皱皱巴巴的睡袍，不禁大惊小怪，并提出要送他一身新睡袍。斯宾诺莎平静地说，一个人并不会因为有了一件好睡袍而变得更有价值，同样，"给一钱不值的东西加个昂贵的包装是极不合理的"。

斯宾诺莎的话虽然不符合目前商业社会的潮流，却道出品格的意义。《旧约圣经》是犹太人永恒的圣书，《塔木德》则是犹太人实际生活的指南，而《塔木德》最提倡的就是伦理道德，这一切构成了一个人主要品格的底线。

谦虚给人们带来力量。

《塔木德》告诫人们说："尽量隐藏自己的优点和功绩，就像是隐藏你自己所做的坏事一样。"同时又说："爬上知识之路，即达谦虚之顶。"

在犹太人的历史中，那些贤人拉比不管遇到什么人，都认为对方有优于自己的地方。

假如所遇到的人比自己年长，他们就认为他比自己更优越，因为他积善行的机会比自己多；

假如遇到的人比自己年轻，他就认为他所犯的罪比自己少，而同样尊敬；

假如别人所过的生活比自己富裕，拉比就认为他比自己做过更多的努力；

假如所遇到的人比自己贫穷，就会认为他尝过自己没有经历过的痛苦，所以比自己有修养；

假如他遇到比自己聪明的人，就对他的智慧表示敬意；

假如所遇到的人没有自己聪明，拉比就认为他所犯的错误比自己少。

对于犹太人来说，一个人如果是为了求得别人的赞赏而夸耀自己的谦虚，这是非常卑鄙的行为。在他们的眼中，真正的谦虚绝非有意的做作，而是自然的流露。

正因如此，犹太人有这样两句谚语：愈是果实累累的葡萄，愈会垂下头来；愈是伟大的人，愈平易近人。

水是由高处流向低处的，不流动的水是死水，容易堆积脏的东西；由高处向低处流的水，则是非常清澈透明的。

一位犹太父亲对儿子说：凡品格高尚者，会永远生活在白天，事业上很少遇到绊脚石。反之，品质恶劣而又不懂自我提高修养者，永远行走在黑暗中。

只有行动才能体现美德

你要尽心、尽力，既爱你的上帝，又要爱邻舍如自己。

公元前，古代以色列的律法师担负着宣讲教义，训诫百姓的职责。久而久之，一些律法师借着至高无上的教义，使这些律法师本身仿佛也成了公理与道义的化身。但他们自己往往就不照教义上所说的去做。

一位拉比非常厌恶这些人的行径，常常当众揭露他们的虚伪，这使那些律法师们很不痛快。一天，一个地位很高的律法师存心跟这位拉比过不去，上门来找麻烦："我该怎么做，才能获得你所说的永生呢？"

"你是律法师，"拉比说，"律法上写的你还记得吗？"

"我当然记得。"律法师不假思索地说，"《塔木德》上记载着，'你要尽心、尽力，既爱你的上帝，又要爱邻舍如自己'，这些，我早就背得滚瓜烂熟了。"

拉比淡淡一笑，说："你只要照你说的去做，你就能获得永生了。"

律法师知道自己做不到这些，所以故意跟拉比纠缠："可是，我的邻居又是谁呢？"

拉比并没有直接回答他，而是讲了下面这样一个故事：

"从前有一个人，从耶路撒冷到耶利哥去，半路上遇到了强盗。强盗抢走了他的钱财，并把他打得遍体鳞伤，扔在路边。一个祭司从旁边走过，四下看看没有人，就匆匆绕过倒在血泊中的遇难者，自顾自走了。

过了一会儿，一个商人又从遇难者身边走过，他只是更当心自己的钱袋，逃离了这块危险的地方。只有一个撒玛利亚人经过这里时，救下了遇难者，把他送到附近的客栈里养伤，并为他交付所有的费用。"

拉比讲完故事，问律法师："这三个人中，哪一个是那遇难者的邻居呢？"

律法师脸红了，只得回答说："当然是那个撒玛利亚人。"

拉比接着说："一点儿也不错，你就照着他的样子去做吧！"

一位犹太教育家说——只有行动才能体现美德。

犹太父母经常给孩子讲这个故事，教育孩子不要像那个律法师一样，自以为具备高尚的品德，什么道理都懂，却从来不用行动去体现它们。

任何场合都保持良好道德

在任何场合都要保持良好的道德，这是一个人获得社会接纳的重要条件。

犹太人不仅注意自己的品行，在教育孩子方面也毫不含糊。下面的故事就生动地说明了他们的做法。

比尔当时11岁，一有机会就到湖中小岛上他家那小木屋旁钓鱼。

一天，他跟父亲在薄暮时去垂钓，他在鱼钩上挂上鱼饵，用卷轴钓鱼竿放钓。

鱼饵划破水面，在夕阳照射下，水面泛起一圈圈涟漪，随着月亮在湖面升起，涟漪化作银光粼粼。

鱼竿弯折成弧形时，他知道一定是有大家伙上钩了。他父亲投以赞赏的目光，看着儿子戏弄那条鱼。

终于，他小心翼翼地把那条精疲力竭的鱼拖出水面。那是条他从未见过的大鲈鱼！

趁着月色，父子俩望着那条煞是神气漂亮的大鱼，它的腮不断张合。父亲看看手表，是晚上10点——离钓鲈鱼季节的时间还有两小时。

"孩子，你必须把这条鱼放掉。"他说。

"为什么？"儿子很不情愿地大嚷起来。

"还会有别的鱼的。"父亲说。

"但不会有这么大。"儿子又嚷道。

他朝湖的四周看看。月光下没有渔舟，也没有钓客。他再望望父亲。

虽然没有人见到他们，也不可能有人知道这条鱼是什么时候钓到的。但儿子从父亲斩钉截铁的口气中知道，这个决定丝毫没有商量的余地。他只好慢吞吞地从大鲈鱼的唇上取出鱼钩，把鱼放进水中。

那鱼摆动着强劲有力的身子没入水里。小男孩心想：我这辈子休想再见到这么大的鱼了。

那是34年前的事。今天，比尔先生已成为一名卓有成就的建筑师。他父亲依然在湖心小岛的小木屋生活，而他仍带着自己的儿女在那个地方垂钓。

果然不出所料，那次以后，他再也没钓到过像他几十年前那个晚上钓到的那么棒的大鱼了。可是，这条大鱼一再在他的眼前闪现，每当他遇到道德课题的时候，就看见这条鱼了。

犹太人教育自己的孩子：在任何场合都要保持良好的道德，这是一个人获得社会接纳的重要条件。

空闲时参加社区服务

如果一个人有能力救另一个人而没有去救，那么，他就违反了这条戒律："你不可袖手旁观邻居流血。"

要想让孩子体贴他人、有思想、富有责任心，有一件事是必须做到的，那就是提高对孩子的期望。

在犹太人的国度中，家长和孩子经常参加组织的社区服务，定期帮助那些需要帮助的人。这不仅培养了孩子关心他人的品质，也教会了孩子许多技能。在孩子年幼时，犹太父母经常让他们去做这样一些事情：

1. 参加拯救濒危物种的组织；

2. 帮助邻居打扫卫生；

3. 给老年人阅读报纸；

4. 给比他更小的孩子当家庭教师；

5. 给生病的小孩子做玩具；

6. 给报纸写有建议性的文章；

7. 为社区或公共场所提出有见地的观察文章；

8. 去动物收容所，领养无家可归的小动物；

9. 爱心捐助，参加公益活动。

犹太父母认为，父母在让孩子参加这些活动时，要尽量与孩子一起参加，并注意选择对自己和孩子都有意义的事。当然，父母如果常常表现出自己的同情心，对孩子也是最好的潜移默化的教育。

在家庭中，犹太父母还让孩子观看一些情感方面的影片。在看这些影片时，如果发现孩子对弱势群体表现出麻木不仁，甚至是幸灾乐祸，及时对孩子的这种表现进行教育。

在生活中，如果孩子对朋友、同学或其他人表现出漠不关心，让孩子设身想一想：

要是别人这样对待自己，自己该怎么想呢？

没有同情心的孩子就不会明白事理，就不会同情并理解父母的难处，轻则对父母冷漠，重则遗弃父母。没有同情心的人，不可能真正爱他们的父母。

《圣经》中说：如果一个人有能力救另一个人而没有去救，那么，他就违反了这条戒律："你不可袖手旁观邻居流血。"

尽管没有人有义务为别人牺牲自己的生命，但每一个人都有义务尽一切努力搭救生命处于危险之中的人。

只拿走付过足够金钱的东西

真正的清白和真正的诚实，是可以从一个人对待金钱的态度上看出来的。只有在金钱问题上可靠的人，才可以被看作是清白、诚实的。

拉比西蒙·本·舍塔靠砍柴为生，每天都要把柴火从山里背到城里去卖。他为了有时间研究犹太法典《塔木德》，决定买一头驴子代步。

拉比来到集市上，从一位窦玛利人那里买了头驴子骑了回来。拉比的学生们见驴子的累样，就把它牵到河里去洗澡。半路上，驴脖子上掉下来一颗足足有 10 克拉重的钻石。

学生们欢呼雀跃，认为拉比从此可以摆脱贫穷，专心致志地研读《塔木德》了，同学们也能更好地聆听这部圣典了。

出乎学生们意料的是，当学生们把钻石交到拉比手上并说明来历之后，拉比连到河边牵驴都来不及，立即捧着钻石向集市跑去。

找到那位卖驴子的人，拉比把钻石交还到了他的手上。

看着卖驴人大惑不解的样子，拉比说："我买的是驴子，而没有买钻石。我只拥有那头驴子的所有权，驴脖子上的这颗钻石必须还给你。"

卖驴人恍然大悟，继而又露出惊奇的神色，恭恭敬敬地问道："你买了那头驴子，钻石是在驴子身上的，你不拿来还，我也不知道，你为什么还要这样做呢？"

拉比平静地回答说："这是我们犹太人的传统。我们的神训示过我们，我们的手是洁净的，只能拿走付过足够金钱的东西，所以钻石必须还给你。"

《塔木德》中写道：

"真正的清白和真正的诚实，是可以从一个人对待金钱的态度上看出来的。只有在金钱问题上可靠的人，才可以被看作是清白、诚实的。"

第 **5** 章

有些路啊，走下去才知道有多美

——犹太人怎样进行生活教育

一个人不要怕。逃离兵荒马乱，带上勇气和力量，去过自己想要的生活。

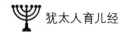

自己的事情自己做

自己的事情一定要亲自去做。哪怕你完成得没有别人好，那终归也是你自己的劳动成果。只有一次一次的不好，才能换来以后的完善。如果总是依赖别人，那么你的一生将始终与贫穷和低声下气为伴。

"自己的事情一定要亲自去做。哪怕你完成得没有别人好，那终归也是你自己的劳动成果。只有一次一次的不好，才能换来以后的完善。如果总是依赖别人，那么你的一生将始终与贫穷和低声下气为伴。"犹太人常常这样教育孩子。在他们看来，孩子有了自己的能力和地位后，与家人和社会的沟通才会变得更容易，才更能适应周围环境的变化。

有一个犹太商人有两个儿子。父亲宠爱大儿子，他想把自己的全部财产都留给他。但是母亲很可怜小儿子，她请求丈夫先不要宣布分财产的事。她总想找个办法让两个儿子分得平均一些。商人听从了妻子的劝告，暂时没有宣布分财产的决定。

有一天，母亲坐在窗前哭泣，一位过路人看见了，就走上前来，问她为什么哭得这么伤心。她说："我怎么能不伤心呢？对我来说，两个儿子都一样亲，可是我的丈夫却想把全部财产留给大儿子，而小儿子什么也得不到。在我还没想出帮助小儿子的办法以前，我请求丈夫先不要向儿子们宣布他的决定。但是我到现在也不知道怎样才能解决这个烦恼，过路人说："你的烦恼其实很容易解决。你只管让丈夫向两个儿子宣布，大儿子将得到全部财产，小儿子什么也得不到。但以后他们将各得其所。"小儿子一听说自己什么也得不到，就离开家到耶路撒冷去谋生了。他在那里学会了许多手艺，增长了知识。而大儿子一直依赖父亲生活，什么也不学，因为他知道，他是富有的。父亲去世后，大儿子什么都不会干，最后把自己所有的财产都花光了。

而小儿子却在外面学会了挣钱的本事，变得富裕起来。

实际上，在不少发达国家，对在校学习的孩子的要求也是非常"刻薄"的。在日本，许多学生利用课余时间，在饭店端盘子，洗碗，做家教，在商店售货或照顾老人等，以此挣钱交学费及零用。美国人一贯教育孩子自主自立，七八岁的小孩就成了"小商人"，出售他们的"商品"来挣零用钱。美国中学生有个口号："要花钱自己挣。"每逢假期，他们就成了打工族，自食其力。

现代家庭里的孩子大多是独生子女，物质生活相对优越，许多事情都由大人包办，衣来伸手，饭来张口，孩子在这样的环境中免不了失去独立生活的能力。这对以后孩子参与社会竞争是十分不利的。为人父母者要从小就培养孩子的独立能力。家长应该让孩子成长为一棵独立支撑、独当一面的大树，而不是靠大树遮风挡雨、经不起风吹雨打的脆弱小草。

有个一周岁左右的小男孩，被年轻的妈妈牵着小手来到公园的广场前，等到要上有十几个阶梯的台阶了，小男孩一下子挣脱开了妈妈的手，要自己爬上去。他用胖胖的小手向上爬，他的妈妈也没有抱他上去的意思。当他爬上两个台阶时，他就感到台阶很高，回头看一眼妈妈，妈妈没有伸手去扶他，只是眼睛里充满了慈爱和鼓励。小男孩又抬头向上看了看，他放弃了让妈妈抱的想法，还是手脚并用小心地向上爬。他爬得很吃力，小屁股抬得老高，小脸蛋也累得通红，那身娃娃服也被弄得都是土，小手也脏乎乎的，但他最终爬上去了。年轻的妈妈这才上前拍拍儿子身上的土，在他那通红的小脸蛋上亲了一口。

这个小男孩就是后来的美国第 16 届总统——林肯。他的母亲便是南希·汉克斯。

不言而喻，人的一生有无数级台阶——学习、工作和生活。父母如何教育孩子面对和攀登这些人生的台阶呢？是牵着手、搀扶着上，还是抱着上？不同的父母会有不同的答案。显而易见，如果家长牵着、搀扶着孩子，就会使孩子产生依赖性，常常把父母当成拐棍而难以自立。如果家长抱着孩子上台阶，把孩子揽在襁褓里，那么，孩子就会成为被抱大的一代"，不经风雨，不见世面，更难立足于社会。平时，孩子饭来张口，衣来伸手，上学接送，晚上陪读，甚至考上大学父母还要跟着做"保姆"。孩子大学毕业后找工作，又得父母跑单位，当"职介"……这样，孩子是很难自立大有作为的。

犹太父母认为，再富也不能富孩子。让孩子吃点苦，有"台阶"让他自己爬。只有这样，孩子才能"一鼓作气"，攀上光辉的顶点。

劳动教育从两岁开始

无论孩子是聪明早慧还是大器晚成，他们所取得的成绩都和环境有直接的影响，他们所受的教育也与个人是否勤奋努力都有着密切的联系。因此，有意识地培养孩子的劳动习惯，对于今后的发展也是大有裨益的。

从前，在犹太的一个城镇里住着一个人。这个人上无片瓦，下无立锥之地，自己又无一技之长，没有谋生的手段，每天只有靠在城里乞讨度日，生活十分困窘。那时的城市又不大，他天天走的都是那几条街巷，讨的总是那几户人家。开始，人们出于一种同情心，还给他一点残菜剩饭。时间长了以后，人们就觉得他来的次数太多了，令人生厌，于是谁也不愿意再给他一些食物了。为此，他只有忍饥挨饿的份儿了。

恰在此时，有个马医因活太多，忙不过来，需要找一个帮手。这个乞丐便主动找上门去，请求在马厩里给马医打打杂工，以此换取一日三餐。这样，他再也不用沿街乞讨，晚上也不必漂泊流浪了。安定的生活使他的日子变得充实起来，他干活也格外卖力。可是，又有人在一旁取笑他了："马医本来就是一个被人瞧不起的职业，而你不过是为了混口饭吃，就去给马医打杂、当下手，这不是你的莫大的耻辱吗？"这个昔日的乞丐平静地回答："依我看，天下最大的耻辱莫过于寄生虫，靠乞讨度日。过去，我为了活命，连讨饭都不感到羞耻；如今能帮马医干活，用自己的劳动养活自己，这又怎么能说是耻辱呢？"

故事中这个人的生活态度是正确的。劳动没有高低贵贱之分，在任何情况下，都是自食其力好。

犹太人认为，只有精明和勤奋的人才能有所建树。因此他们把培养孩子爱劳动作为孩子全面发展的一种重要手段，当作早期幼儿教育的重要组成部分。他们利用幼儿期这个人类身心发展的重要阶段，对他们进行早期劳动教育，让他们在轻松愉快、多种多样的劳动中获得全面发展。他们让孩子从小就"自己能做的事情自己做"，增强他们动手做事克服困难的信心和能力，培养他们的独立意识。随着孩子年龄的增长，犹太父母还会培养他们为大家做事的良好意识。

一个犹太家长这样讲道：

"我有七个孩子，家里条件很优越，但为了给孩子更多机会学习各种劳动技能，每年我都要在夏季带孩子到山里去住一段时间，让他们过山里人的生活：喂牛、砍柴、挖水渠、给牛建围栏、给马洗澡。我每天要给他们布置劳动任务，每个人分配不同的工作，让大一点的孩子挖水渠、建牛栏，让小一点的孩子照顾比他更小的孩子，这样做的目的是让他们在自己工作的范围内去发现问题，去解决问题，学会并懂得如何战胜困难。孩子们从山里回来多了许多生活经验，认识了各种植物，他们比其他孩子知道得多，还会把山里劳动学会的技巧和解决问题的方法用到学习中去。还有重要的一点就是孩子不怕吃苦了。我的七个孩子都已读完大学工作了，从他们的成长看，我认为我带他们在山里生活的经历对他们有着积极的影响。"

随着孩子年龄的增长，父母应该培养他们为大家做事的良好意识，这样既可以促使孩子神经系统、骨骼、肌肉及各部分器官都得到锻炼，同时也培养了良好的社会公德。所以，要利用幼儿期这个身心发展的

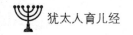

重要阶段，对他们进行早期劳动教育，让他们在轻松愉快、多种多样的劳动中获得全面发展。

犹太父母重视早期劳动教育通常有以下三个层面：

首先，固定劳动岗位。给孩子确定一个长期固定的劳动岗位，如洗碗、铺自己的床等，并规定具体的标准。完成得好给予一定的奖励。有意逃避劳动的，与孩子交谈，了解其心理状况，视具体情况加以解决。

其次，随时教授孩子劳动技能。孩子做事常常会越帮越忙，比如洗碗反而打破了碗等，这时不应责备，更不要由此叫停，而应教给他一些技巧。

再次，选择劳动岗位应有的放矢。这里有两个原则值得借鉴：一是"推进"，孩子有哪方面的长处，可以为他选择相关联的劳动内容。如孩子喜欢看母亲做菜，家长可以让孩子试试手。二是"弥补"，孩子有哪方面弱点，则可以选择一些对他弱点进行锻炼的劳动内容。如孩子胆小羞涩，就可以安排让孩子上街购物等。

犹太人认为，无论孩子是聪明早慧还是大器晚成，他们所取得的成绩都和环境有直接的影响，他们所受的教育也与个人是否勤奋努力都有着密切的联系。因此，有意识地培养孩子的劳动习惯，对于今后的发展也是大有裨益的。

多思考更安全

做事情若靠蛮力，而不懂得运用技巧，效果就会大打折扣。这就好比打棒球，你本来具有能打出全垒打的力气，但假如你不用心选球、不晓得用正确的姿势来挥棒的话，往往就会失误。

犹太人认为，做任何事情，都要勤于思考敏于行。他们就是这样教育其子女的。

孩子的年龄小，在这个充满迷惑的世界里容易由于无知而受到伤害，因此在他们成长过程中需要与一些敏感的、有责任感的、了解他们的身心发展的成人在一起，才能机智地逃过生活中遇到的灾难。如果父母对孩子的控制太多，孩子将很难有机会发展独立性，他们会更多地依靠父母告诉他们该做什么、如何做以及什么时候做、怎么做。我们在生活中常常会看到一些孩子不管做什么事之前，总是不能离开父母的眼神或指导，这样怎么能真正地敢于尝试，掌握做事的技能呢？

古埃及有一位将军，曾经降服了一个叫科西亚的山贼做他的侍卫。科西亚力大无穷，可惜生性粗心大意，不大用头脑。这一天，将军骑马，科西亚步行，两人来到一片树荫下休息。见树下有一群蚂蚁在爬，将军便对科西亚说："科西亚，你打这些蚂蚁看看。"科西亚伸出拳头，第一次用力，地面凹进一块，蚂蚁却没事；再用力，痛得哇哇大叫，蚂蚁还是若无其事。科西亚眼见小小蚂蚁都打不死，急得满面通红。将军说："看我的。"只见他伸出食指，轻轻一揉，蚂蚁一下死了好几只。科西亚看得目瞪口呆，将军便对他说："有很大的勇气和力量，还要懂得运用谋略和智慧，只有这样才能做大事、成大器。"

做事情若靠蛮力，而不懂得运用技巧，效果就会大打折扣。这就好比打棒球，你本来具有能打出全垒打的力气，但假如你不用心选球、不晓得用正确的姿势来挥棒的话，往往就会失误。

通常，在婴幼儿时期，成人总是容易把自己放在发号施令的位置上，一会儿让孩子干这个，一会儿指使他干那个。对孩子来说，玩什么、怎么玩似乎都被大人限制住了，孩子自身的主动性思考常常无从体现。因而父母在培养孩子做事能力之前最重要的在于训练孩子学会自己独立的思考。父母怎么在做事中培养孩子的自主思考呢？犹太家长的做法值得借鉴：

一、分享孩子做事的快乐

良好的情绪情感是促进孩子智能发展的重要因素。与孩子分享做事的快乐，能够使孩子经常处于正常的情绪中，并且增加他做事的热情和积极性。譬如当孩子即使做成一件很小的事时，爸爸妈妈都会真

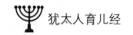

诚地邀请孩子展示一下，或者和孩子一起重新体验一遍他做事的过程。这种情绪将极大地提高孩子做事的激情。

二、父母要学会平衡自己的权威和孩子自主之间的关系

比如妈妈在洗衣服的时候，孩子也想凑凑热闹，在旁边转来转去，试图"浑水摸鱼"，这时妈妈不要怕麻烦或担心孩子弄湿衣服，可以拿一块小手巾给孩子，问孩子，手巾该怎么洗啊？有意识地让孩子用行动或语言来展示一下，这样孩子就会细心观察、模仿学习、产生思考的兴趣。

三、多鼓励孩子的探究行为

孩子的探究行为是一种主动的适应性行为。由于孩子在很小的时候就表现出内在兴趣，随着孩子年龄的增长，用于探索的时间逐渐延长，在这种情形下，妈妈千万不要急于让孩子做自己认为有用的活动。其实孩子此时正是处于发挥想象力、思维能力和创造力的时候。

孩子在做事的过程中总是在无意识地深化自己对世界的认识，逐渐形成自己的一套经验和知识系统，并从中抽象出一定的规律和模式，进而增强自己的做事能力。所以，家长为了培养孩子学会做事，要像犹太家长那样，从锻炼孩子学会思考开始。

为孩子的谎言保守秘密

每个人都会说谎，因此不必太责备孩子的行为，给他们留一些空间，且适宜地给予关心和协助，相信孩子会成为你所期望的那种人。

孩子的成长，是一个不断犯错、不断改善的过程。父母要培养孩子能够反省自己错误的能力，这比父母或他人指出其错误再改正，效果更好。

孩子说谎常常令父母感到头痛，遇到孩子说谎时，有的家长是反应敏感，好像孩子犯下了滔天大罪；有的家长则会相当自责，认为自

己的管教方式不对；也有的家长似乎不去注意这个问题，反而让孩子不知道说话的分寸。

精明的犹太家长是怎么做的呢？他们经常给孩子们讲述犹太拉比和世界各国成功人士诚实的故事，与孩子一起面对这样的问题，帮助孩子找到比说谎更好的方式，去解决遇到的困难。

孩子有时并不知道自己所认识的东西是错误的，也未必明白自己做错了事。他用他的眼光去看，用他的头脑去想，难免不受到限制。孩子说谎大多不含恶意，有些可能是因为自我保护意识，害怕被惩罚，或为了吸引大人的注意、分不明白现实与幻想等原因。所以父母应理清孩子说谎的原因，针对不同的原因采取具体的方法，这样一来，养成孩子诚实的习惯并不难。

以下列出的，是犹太人面对孩子说谎时所采取的态度：

1.父母对孩子及时进行教育。在进行教育时，必须"晓之以理"，使孩子明白所做的事情为什么不对。

2.父母对孩子的教育应前后、内外一致。切忌在自己心情好的时候，见孩子做了错事也不进行教育，心情不好时则进行责备、训斥。

3.父母应查清孩子不诚实的原因，并注意为孩子保密。先了解孩子说谎的原因，然后再做处理。另外，对孩子进行教育时能在家里进行教育的，不必拿到外面去。

4.父母对孩子的批评不应重复。对比较敏感的孩子应当特别注意。

5.父母以身作则，适时给予鼓励。当孩子愿意承认错误时，要给予适时的鼓励，让他能继续朝着正向行为发展。

6.就事论事，不要盲目责备孩子。如果大声责备，孩子受到惊吓，这样就无法清楚知道孩子说谎的目的和动机。要营造一个客观平静的气氛，亲子之间的互动关系才有正向的发展。

拉比告诫世人，不要将大人的生气与自责，投射到孩子身上，打骂他们。这样会造成恶性循环，反而失去教育他们的机会。每个人都会说谎，因此不必太责备孩子的行为，给他们留一些空间，且适宜地

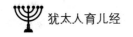

给予关心和协助，相信孩子会成为父母所期望的那种人。

不言而教是最好的教育

生活中，父母的言语、行为和姿态会自然而然地传递给孩子，从而影响孩子的能力与性格的形成。父母日常的所作所为，就是对孩子的身教。

早期希伯来教育十分强调家庭环境及父母的言传身教对子女的影响。当儿童从学校教育中获取广博知识之后，能否把这些知识付诸实际并以此来约束自己的言行，家庭对此负有监督责任。

犹太人认为，父母的"不言而教"才是最好的教育。生活中，父母的言语、行为和姿态会自然而然地传递给孩子，从而影响孩子的能力与性格的形成。父母日常的所作所为，就是对孩子的身教。

没有什么比强制和压迫更能抑制孩子自觉性的了，父母的暗示教育是最为孩子所接受的教育方式。

犹太人很讲究教育的艺术。他们有句至理名言："要按照孩子该走的路来充分地训练他。"他们认为，一个孩子能看懂《圣经》，却看不懂《塔木德》，那么就不能试图通过教他《塔木德》来促进他进步；如果他看得懂《塔木德》，就不要逼他学《圣经》，要在他可能懂得的事情上训练他。

在教育孩子时，犹太人们认为，如果教师教的课学生不理解，那么，教师不应该大发脾气或对学生们发火，而应该反复重复课程，直到学生们完全理解并掌握为止。

在学习过程中，犹太人还认为，一个学生在听了好几遍课之后才能掌握所学的，他不应该在那些只听一两遍课就能掌握的同学面前感到羞愧。

可见，从古代开始，犹太人就知道对孩子进行分级教育。

但是，这个学生的不理解只能是因为课程本身难或者是由于他们的智力不足的情况。如果学生在学习时粗心大意和懒惰，那么教师就应该斥责他们，并由此而激励他们。这就是教师的责任。

　　但是，教师不应态度粗暴地对待孩子们，因为指令只有在轻松愉悦地传达时才有效率。要给孩子们小小的奖励来让他们高兴。一个专心的学生会自己阅读，如果一个学生不专心，那么就把他安排在一个勤奋的学生旁边。

　　一个教师应该在他的学生面前露出"破绽"。通过提问，激发学生们的才智，并探知学生们是否记住了他所教的东西。

　　父母的职责就是观察孩子的好恶，给予孩子所需要的、积极的正面刺激。强迫孩子接受他不感兴趣的事物，只会起到负面的作用。自己的孩子能说本国国语，任何父母也不会认为是自己教了才会说的。事实上，这就是一种不言而教的教育。在生活中父母亲的言语、心态、动作会很敏感地传给孩子，形成孩子的能力与性格。母亲的日常生活状态，就是对孩子的身教。母亲教给孩子的某种事物，固然是教育的手段之一，但不是所有的教育方式。

　　教育家曾说过：没有什么比不用强制压迫，而给予正当动机的教育，更能收到良好的教育效果了。唯有父母亲用心给予孩子深切的理解，才是正确的教育。

帮孩子节约时间

　　时间就是生命，时间就是财富。在充满竞争的现代社会中，磨磨蹭蹭不讲效率的人就会被淘汰，就会生活艰难。

　　犹太父母是如何培养孩子的时间意识，帮孩子节约时间的呢？

一、培养孩子良好的时间观念

联系生活、学习实际，跟孩子讨论珍惜时间的好处和不珍惜时间

的害处，使孩子认识到"时间就是生命，时间就是财富"的基本道理。在充满竞争的现代社会中，磨磨蹭蹭不讲效率的人就会被淘汰，就会生活艰难。让孩子懂得"少时不努力，老大徒伤悲"的道理。

二、让孩子集中精力做好一件事

做事拖拉是很多孩子的缺点之一，其根本原因是孩子不能一次完成一件，把需要短时间做完的作业无限期拖下去。加强专时专用、提高效率的训练可以增强孩子的时间观念。帮助孩子确定每次学习的时间、任务、目标要求，到时完成，评价结果。每次学习，都把三者结合起来。要根据孩子的年龄特点和个性特点，对三者的要求有所区别。要让孩子尝到提高效率、增加玩乐时间的甜头。

三、对孩子的每一项活动进行计时

培养孩子的时间意识，要从孩子的点滴做起，不只在学习中表现出来，也反映在生活的各个方面，如穿衣、吃饭、收拾书包文具、洗衣物等。因此，克服磨蹭的毛病，需从不同角度入手。从孩子的实际表现出发，增加计时性活动是可行的方法。做某件事情，需要多长时间，事先设定，然后以最快的速度保质保量地进行。事后家长与孩子一起评价，调整要求，下一次争取做得更好。对低龄的孩子，如果家长跟孩子一起进行计时阅读、计时记忆、计时答题、计时劳动的小竞赛，会有更好的效果。

四、发挥孩子之间的影响作用

让自己的孩子跟讲效率的孩子一起学习、游戏，发挥孩子之间的影响作用。可以事先与讲效率的孩子的家长联系，请家长给孩子提出更高的要求，在学习和游戏的过程中带动时间意识差的孩子。

五、教孩子巧妙地利用时间

比如，洗衣服、打扫房间卫生的同时可以听外语或音乐；一边看电视，一边做健身运动；帮父母做家务时，与父母聊天；去公园时，边跑边聊天。

只要开动脑筋，日常生活中总会有许多方法帮孩子节约时间。

选择伴侣时向下迈一步

不结婚的人生活中没有快乐，没有幸福，没有好事。未婚的男人并不是完全的男人，缺乏女性的生活是残缺的，女人就意味着男人的家。

犹太人对婚姻关系是非常重视的。每个小孩从小就受到这方面的训练，因为他们认为这才是他一生幸福中关键的关键。

首先，犹太人强调每个人必须结婚，"不结婚的人生活中没有快乐，没有幸福，没有好事。未婚的男人并不是完全的男人，缺乏女性的生活是残缺的，女人就意味着男人的家。"犹太人最反对独身主义，婚姻既是宗教上的义务，也是人性的要求，是通向美满的最理想的道路。

一个犹太人一旦成婚，就把爱献给了妻子。因为犹太人认为，一个没有妻子的男人生活中没有欢乐，没有祝福，没有仁慈。只有结婚了，他才能埋藏从前的罪恶。犹太律法禁止儿子结婚后仍然和父母住在一起，这样既可以让年轻人独立成长，又可以减少婆媳矛盾，一举两得，真正体现了犹太人的婚姻智慧。

犹太拉比对婚姻的建议是："选择伴侣时向下迈一步。"

这句话的意思是，娶一个社会地位比自己高的女人，可能会导致自己被她或者她的亲属看不起。在选择妻子时，犹太人对遗传学非常相信，他们不仅看重人的生物性的遗传，而且注重知识等社会内容方面的遗传。他们会以娶一个学者的女儿作为妻子为荣。

为此，拉比们的教诲是：为了能娶到博学之士的女儿，男人应该卖掉一切，这是因为将来万一他死了，或者被流放，他可能确信自己的孩子将会有学问；不要让他娶一个愚昧的人的女儿，因为一旦他死去或者被流放，他的孩子将会无知。为了能娶学者的女儿或者把女儿嫁给学者的儿子，男人应该卖掉他所拥有的一切，这就像把藤本的葡

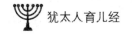

萄嫁接在一起，这样做是恰当的。

此外，犹太人还提倡在婚姻中不重视美貌，而要重视家庭。《塔木德》说："年轻人，睁开眼睛挑选你自己的新娘吧。不要只看外表，而是要看家庭背景，因为优雅风度是虚假，美貌是徒劳……"

如果只重美貌，而不重品行，夫妻之间就容易出现不忠诚的事。

并且，犹太人千万不要让自己的儿子和不学无术人家的女儿结婚。

重视对方家庭背景，选择合适的配偶才有高质量的家庭生活。倡导高质量家庭生活才会使家平安幸福。而家庭的平安幸福，是人生的一种最大的幸福。

恋爱时，感觉很重要，但真正维系婚姻幸福、美满、稳定的关键却是双方的性格和品性。一个善良的人会化解一切矛盾，而恶妻却会使矛盾升级，最终导致婚姻破裂。

教育者要向孩子敞开心扉

如何与生活在梦幻世界的孩子沟通？向孩子敞开心扉。

从前有一个国王，他的儿子幻想着自己是土耳其人，他认为自己应当赤裸着蹲在餐桌下面，捡饭渣吃。

焦急的国王请遍了国内的所有医生，没有一个能帮助他的儿子。一天，有个智者来到国王面前，主动要求帮助这个孩子。

那个人脱光衣服，和国王的儿子一起蹲在餐桌下面。当男孩问他为什么蹲在桌子下面，那个智慧的人回答说："因为我是一个土耳其人。"

"我也是一个土耳其人。"国王的儿子说。

这样两个人光着身子在餐桌下面蹲了几天，彼此熟识起来。

有一天，智者让人扔几件衬衫下来。

"你是不是觉得土耳其人不能穿衬衫？"他问男孩，"土耳其人当然能穿衬衫，一个土耳其人不能根据其是否穿衬衫来判断。"

几天以后，那个智者让他扔几条裤子下来。

"你是不是认为穿裤子的人不是土耳其人？"他问男孩。

于是两个人都穿上了裤子。

那个智者继续这么做，直到两人都穿得整整齐齐。

然后他让放些食物在餐桌上。

"你是否觉得，"他问男孩，"我如果吃好东西就不是土耳其人？"

"你当然还是土耳其人，可以吃好东西。"

于是他们一起吃起来。

最后，智者说："你认为一个土耳其人必须整天坐在桌子下面吗？你知道，坐在餐桌旁仍是一个土耳其人，这是完全可能的。"

这样，那个智者一步一步地把男孩带回到现实世界中来。

作为家长，如何与生活在梦幻世界的孩子沟通呢？向孩子敞开心扉。这就是犹太教育中的成功之处。

懒人像粪便一样令人讨厌

懒惰的人就像一堆粪便一样，令人讨厌，谁也不愿意接近这样的人。

拉比犹大在走进学习的房间时，总要在肩膀上顶着一个水罐，并说：劳动伟大，因为它使人光荣，也使人智慧。

一个孩子的动手能力强不强，不仅仅关系到孩子的智能水平，而且对孩子将来的生活能力和工作能力有着极大的影响。孩子从两岁开始，就有一种自己的事情自己做的迫切欲望。这种欲望随着成长而不断提高，家长若能好好利用这种欲望让他成长、学习，就能培育出优秀的孩子。

让孩子自己洗手、系鞋带、扣纽扣。作为父母，就是多花一点时

间，也要将方法教给孩子，努力让孩子学习着自己去做。父母现在花点时间，麻烦一点，要知道只要孩子掌握了这种方法，将来就会变得轻松起来。

学习对每个孩子都是极有吸引力的。当他做得足够好时，便满足了他的欲望，并对自己很有信心，孩子就会一步步地成长。

相反的，如果孩子养成了一直由母亲替自己做事的习惯，那么孩子会处于缺乏成长的停滞状态，进步就会显得极为缓慢。

《塔木德》中说：

懒惰的人就像一堆粪便一样，令人讨厌，谁也不愿意接近这样的人。

犹太家庭一般都有两个以上的孩子，父母对孩子的勤勉教育是从家务劳动开始的，具体安排如下：

为3至4岁孩子安排的劳动有：

把自己的脏衣物放到洗衣房；帮助父母收拾房间和玩具；协助父母把干净的衣物放好。

为4至5岁孩子安排的劳动有：

给家里的植物浇水；协助大人摆放和整理饭桌；洗碗；喂宠物。

为6至8岁孩子安排的劳动有：

取报纸；整理自己的房间；摆放和整理饭桌。

为9至10岁孩子安排的劳动有：

擦洗家具；完成做饭的部分准备工作；洗衣服；擦地板；协助清理院子。

小事学生存大事练能力

让孩子在小事上学着生存，在大事上才能有能力解决。

在很多家庭中，孩子们脱下衣服，自己从不收拾。

教育家们认为这样的习惯非常不好。针对孩子这个习惯，犹太母亲沙拉是这样让孩子改掉这个毛病的。她说：

"如果孩子自己不收拾好衣服，就让它一直放到第二天，我也不收拾，并且绝不拿新衣服给她穿。如果她晚上把衣服折叠好，我就时常给她换新的。如果不收拾好，就总得戴旧发带、穿旧衣服。如果她把玩具偶尔丢在床上不收拾好，她第二天一定会找不着玩具了，几天之内也不能用这个玩具来做游戏。"

这位犹太母亲说，这样孩子就会认识到自己的事要自己做，不然就得不到自己想要的一切。

多数父母把孩子视为玩物，认为孩子这也不能做，那也不能干，一切都为孩子包办代替，结果是使得孩子对自己的能力缺乏信心。蕊切说：

"当我的孩子知道怎样扣衣服扣子后，我就让他给我扣衣扣，这样的目的是为了让她养成帮助他人，乐意助人的观念。我还教她自己穿鞋、穿衣服，即使我不忙也让她自己动手，因为这是对孩子的教育，一个母亲应该对孩子进行严格的教育。"

在生活中，有一种父母把孩子视为宝贝，孩子走路怕他摔倒，孩子游泳怕他溺水，这都是在害孩子。这显然是非常错误的，这种教育方法只能使孩子成为一个废物。

让孩子在小事上学着生存，在大事上才能有能力解决。

养育不等于教育

世界上没有比教育孩子更为重要的工作了。如果你没有时间教育孩子，那你为什么要生下他呢？

在家长会中，很多母亲都这样说：
每天照顾孩子的衣、食、起居，根本就没有时间教育。

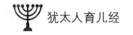

　　这些话很多母亲都在讲，这些话其实是一种托词。

　　当然，有的母亲还有更为充分的理由，比如自己工作太忙，没时间照顾孩子，把孩子交给佣人或者是在家的父母照看。这种做法不科学，把养育与教育划分开来是教育中最致命的错误。如果做母亲的每天带孩子，她与孩子相处的态度与感情，都会对孩子的心灵产生潜移默化的影响。

　　在现实生活中有更为严峻的事实。有不少的家庭并不是很富裕，母亲为了生计出外工作。这时一个更为有力的借口诞生了，"挣钱糊口已经够累了，哪还有多余的时间去教育孩子。"

　　对于很多女性来说，她们最大的心愿就是养儿育女，这是她们的一件终身大事。当她们一心一意把孩子生下来时，就认为是完成了一件大事，可这些母亲却忽略了一件重要的事情，即教育孩子是一件更为重要的事情，等着她去完成。

　　可是，有些母亲同样在应付生活，却仍将孩子培养成为一个成功人士。原因是这些母亲能根据自己所处的环境和经济、工作条件，精心钻研一套与之相适应的教育方法，尽力去完成做母亲的责任。

　　犹太教育家曼德经常就这个问题在家庭教育交流会上与一些孩子的母亲进行交谈，他常常对这些母亲说：

　　世界上没有比教育孩子更为重要的工作了。如果你没有时间教育孩子，那你为什么要生下他呢？

　　这位教育家为了整个犹太民族的命运，总是四处奔走，四处呼吁，要那些母亲成为教育幼儿这一伟大的事业最高责任者。在他看来，能够永担这角色的，不是父亲，不是师长，也不是兄弟姐妹，而是生了这个孩子的母亲。

　　在犹太人中如果一个母亲说没有时间教育孩子，这个理由是不成立的，也不会得到人们的认可——身为母亲，没有任何理由逃避自己育儿的责任。

孩子是父母的翻版

孩子就是父母的翻版，父母对工作、对休闲时光的态度，不久将成为孩子对人生的态度。你希望孩子怎样，你就会怎样。

在犹太《律法书》中有这样一则对话：

有一次拉比芝摩和他的儿子在路上走，看到一个喝醉了的父亲和他喝醉了的儿子一起跌进沟里去了。

"我嫉妒那个父亲，"拉比对自己的儿子说，"他实现了有个儿子像自己的愿望。我还不知道你会不会像我。我只希望醉汉教育他的儿子不要比我教育你更成功。"

通常，孩子向父母学习不外乎两种方式：

通过遵循父母的教导而学习，或者是通过观察父母的行为而进行模仿。

在家庭中，父母的行为比他们的谆谆教导要更有说服力。比如生活中父母不让孩子喝酒，他们自己每天晚上却喝上两三杯酒，孩子可能就会把喝酒视为可以接受的行为。如果父母都吸烟，孩子自然而然也就接受了吸烟这一事实。

父母想要孩子养成什么样的生活习惯，并不需要天天挂在嘴边，只需自己做出榜样，让孩子模仿和感知。

这一经验同样适用于父母对待生活的态度。在家庭中如果父母只知道对工作无休止地抱怨个不停，从来不去改善工作环境，这样只能让孩子得到这样一个事实：只需要抱怨就够了。

如果父母带给孩子的是一些积极的东西，孩子所获得的可能也是积极的东西。如果父母只满足于毫无新意的行为方式，对人生规划抱着无所谓的态度，孩子肯定也会继承他的这一人生哲学。

父母所要注意的是：孩子就是父母的翻版，父母对工作、对休闲

时光的态度，不久将成为孩子对人生的态度。

犹太《律法书》中还记录了一个故事：

有个人在经常有妓女光顾的市场上为儿子开了一家香料店。

一次他到店里去，撞上孩子和妓女在一起鬼混，于是他大叫起来："我要杀了你！"

他的朋友来了，对他说："你使你的儿子迷了路，现在你又对他大喊大叫。你不做其它的生意而是教他卖香料，你不在其它的地方而在红灯区开商店。你希望他怎么样他就会怎么样。"

《律法书》上说得对。你希望孩子怎样，你就会怎样。每位父母都应记得这句话。

理解孩子的报复行为

孩子决定通过一次行为不端来报复父母，孩子向父母挑衅，父母发怒，再次罚惩他，孩子再次报复，一种恶性循环就这样开始了。

《塔木德》中记载着这样一个故事。

有一个人向拉比托夫抱怨自己的儿子。那年轻人完全脱离了宗教，这对他父亲的打击很大。

"我该怎么办，拉比？"发狂的父亲问。

"你爱你的儿子吗？"

"当然爱"。

"那就更加的爱他。"

孩子也有心情不好的时候，孩子也有受了委屈或伤害的时候，孩子也有发怒的时候，孩子也有……当孩子在承受这一切之时，他也想使用报复。当然，父母是首当其冲的，因为父母在这中间是孩子的直接矛盾人之一。

报复对孩子来说是很重要的，因为他们在潜意识里有着强烈的平等意识。

孩子的报复通常主要表现在以下方面：

有些孩子在他人面前使父母感到窘迫。

有些孩子打破对父母来说非常心爱的物品。

有些孩子伤害年幼的弟弟妹妹。

有的孩子离家出走。

有的孩子打碎窗户或者是有价值的东西。

当父母因为某件事要惩罚孩子，但孩子认为父母的做法不公平的时候，他往往就会付诸报复行为。

孩子决定通过一次行为不端来报复父母，孩子向父母挑衅，父母发怒，再次罚惩他，孩子再次报复，一种恶性循环就这样开始了。

有些父母对于他们的教育方法缺乏自信。如果是一个聪明的孩子，他会很快明白父母的意图，并很快来利用父母的这一弱点对父母进行报复。

作为父母首先要坚信自己的能力。只有这样，才不会时时成为孩子报复的对象。

父母所要做到的是：

坚持原则。

当孩子戳到自己的痛处时，要坚强一点。

相信自己是一个好父母。

在管教孩子之时，尽量聚焦于肯定性方面。

不要老是批评孩子。

确保每一项惩罚都是公正的，而且对你的孩子有意义。

你所实施的惩罚不应该使孩子感到羞辱和窘迫。

教会孩子做出更好的决定。

不要因为孩子做的某件事伤害了你或者是让你生气，而使你来惩罚与报复他。

生活中有许多父母是通过孩子的成功来衡量自己的价值的。失败

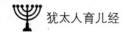

的孩子的父母就会这样想：

如果我是成功的好父母，我的孩子恐怕就不这样糟糕了。

很多的父母们认为，如果他们的孩子不够完美，那么他们一定不是一个合格的父母。

一位犹太教育学家说：

如果父母们有这种想法，这就使自己处于一个很容易受到孩子攻击的境地。这样的父母就很容易戳到孩子痛处。

犯错误与改正错误一样珍贵

孩子就是再小，父母也要把他们当作成人一样对待——要像尊重成人一样尊重他们。年幼无知的孩子当然会经常犯错误。父母管教孩子是有必要的，但不能因为他们不懂事就不尊重他们。

《塔木德》中说：不论孩子对我们多么重要，他们最终也不属于我们。

犹太教育家切尼说：我决不会为我的孩子做任何他自己能做的事情。

如果说对孩子放任不管的父母浪费了孩子宝贵的生命，那么过分呵护孩子的父母却是给孩子的人生布下了充满诱惑的陷阱。有的父母已深深认识到这一点对孩子的重要性，于是就要求孩子从小学会自己洗衣服、洗碗、铺床叠被。

有的父母却不是这样，宁愿自己受苦也不让孩子帮着做一点事，孩子的事情总是不辞劳累统统代劳。这样的结果，只能让孩子在不知不觉中丧失了动手的能力，而这种能力丧失的后果，是直接损害了孩子的自信心。一个处处受到保护的孩子，一个永远也没有机会尝试成功与失败的孩子，也就永远无法体验到成功的喜悦。

孩子有犯错误的权力，也有改正错误的权力。作为父母，应该培养孩子敢于犯错误、敢于失败的精神。孩子与成人有一样的权力。对于孩子来说敢于犯错误与改正错误一样珍贵。父母只有鼓励孩子、放手让孩子去自由的运动，这样才能培养出孩子的自信心和独立精神，所以父母应该尽量鼓励孩子去做力所能及的事情。

在家庭中，父母可以鼓励孩子帮助自己收拾桌子、清洗地板、收拾屋子、洗涮碗筷等，孩子自己可以料理自己的生活，比如穿衣服，洗衣服等，哪怕是孩子干得十分糟糕，父母也要对孩子的劳动加以肯定与鼓励。

不要认为孩子还小，就可以对孩子的一些行为放任不管。孩子就是再小，父母也要把他们当作成人一样对待——要像尊重成人一样尊重他们。年幼无知的孩子当然会经常犯错误。父母管教孩子是有必要的，但不能因为他们不懂事就不尊重他们。

孩子需要一个空间去成长，他们需要一个空间去试验自己的能力，需要一个空间利用自己的能力应付社会。如果父母过多的帮助孩子，过多的为孩子分担事务，这样只能剥夺孩子自由发展的能力，剥夺孩子自立、自强的精神与信心。

犹太智者朱特比说的好：让孩子自己的事自己解决，过分呵护孩子反而害了孩子。

第 6 章

你的身体，是一切美好的开始

——犹太人如何教孩子爱护健康

没有健康，其他的都是枉然。从小开始学习宠爱自己的方法，成为更加健康、自信的自己。

首先学会爱自己

你越让自己保持愉快，你也就越聪明。只要你接受自己便足够了，自爱与别人对你的看法如何毫不相干。

基督教宣扬博爱，而犹太教却教导人们首先要学会珍惜自己。犹太家长时常教育孩子：只有珍惜自己才懂得去珍惜别人。

一个15岁的女孩曾经问一位拉比："我该怎么做才能过充实的生活？"拉比的答案很简单，只有4个字："做你自己。"

在这个世界上，"我"是独一无二的个体。"我"有自己的幻想、希望、美梦以及恐惧。"我"是自己的主人。因为"我"是自己的主宰，所以我能深刻了解自己。由于"我"认识自己，所以"我"能喜欢自己，接纳自己的一切，进而将自己最好的一面呈现出来。

犹太人在2000多年的流浪漂泊中，受尽歧视、冷落甚至迫害。他们身在异地他乡，除了依靠自己，再无别物所依。因此，他们养成了依靠自己，靠自己来拯救自己的信念。

在他们看来，人活在世上，首先就要学会为自己谋福利，只有自己有了财富，才会真正具有帮助别人、普善众生的力量；一个有价值的人生，就是靠自己奋斗与拼搏，最终获得成功的人生，而那些一天到晚心忧天下，而自己却潦倒穷困的人，固然值得尊敬，但他们实际上并没有做出贡献。犹太人相信，只有懂得珍惜和完善自己，才真正懂得，也才真正有能力去帮助、去解救别人。

一个人爱自己的方式很多，你可以选择从喜欢自己的身体开始。也许你的某些身体特征确实令自己无法喜欢，你不停地羡慕别人。

对于自我形象，你也可以做出同样的选择。如在智力方面，你可以按照自己制定的标准来判断自己是否聪明。事实上，你越让自己保持愉快，你也就越聪明。如果你在数学、英语或者写作方面水平较差，这并不说明你智力很差，只不过是你到目前为止选择的一种结果，如果你多花些时间加以训练，一定可以大大提高自己的水平，因此，这与你聪明与否并无直接联系。

有些人认为，自爱行为是一种无异于极端利己主义的令人反感的行为，这实在是一种极大的误解。自爱与那种到处夸耀自己多么了不起的行为，毫无共同之处。后者并不是一种自爱行为，而是企图靠自吹自擂，来赢得他人的注意和赞许。它与自我轻蔑行为一样，都是病态行为。自负行为的目的在于赢得他人赞许，采取这些做法的人，是根据别人对他的看法来评价自己。如若不然，他便没有必要靠自吹自擂来说服别人。自爱则意味着你爱你自己，它并不要求别人爱你，因而也没有必要说服别人。只要你接受自己便足够了，自爱与别人对你的看法如何毫不相干。

犹太家长经常这样教育自己的孩子：

如果要自爱，就必须摒弃一个观点——人的自我形象要么是积极的，要么是消极的。实际上，你具有许多自我形象，而且它们经常在不断变化。如果要你回答：你喜欢自己吗？你可能倾向于将所有消极的自我形象汇集起来，说"不"。可是，如果你能具体分析自我嫌恶的表象的实质，你就可以明确努力的方向。

像爱惜生命一样爱惜大自然

人应该居住在清洁的环境中，并且禁止任何人去做任何对城镇的卫生有害的事。

犹太人认为，人应该居住在清洁的环境中，并且禁止任何人去做任何对城镇的卫生有害的事。

为了使人们生活在清洁的环境中，《塔木德》规定："禁止生活在一个没有一座绿色花园的城市里。"

犹太人为使最神圣的耶路撒冷清洁、美丽，实行10个特殊的规定。其中包括：在城里不得堆粪堆；不得建砖窑；除了早期先知们留下来的玫瑰园以外，不得耕种其他花园或果园；不得养鸡；死人不能在城里过夜。

城里不得堆粪堆——因为会有害虫在粪堆里繁殖。

不得建砖窑——因为它带来滚滚浓烟。

不得耕种花园或果园——因为肥料和腐烂的花、水果发出难闻的气味。

为了使人生活在洁净的环境中，犹太人可以说是世界上最有力的环境保护者。把人的生活环境作为生活文明的重要内容，这是犹太人较其他民族先进的意识，也是他们保持身体健康的生活智慧。

在犹太人的生活智慧中，还有一条就是犹太人像爱惜生命一样爱惜大自然。

犹太人认为爱惜大自然，是敬重上帝的体现。

犹太人的这一观念是出自《圣经》的记载和教诲。《圣经》中说：

上帝造出第一个人后，带着他看遍了伊甸园中所有的树木。

上帝对人说："看啊，这些都是我的作品，它们多么美丽，多么值得赞美啊。我所创造的这一切都是为了你。想想这一点，不要使我的世界腐烂，也不要破坏它；因为如果你破坏它，就没有人在你身后修补它了。"

犹太人认为，这个世界是上帝的选择和被选择中的人创造的。犹太人是上帝选中的人，因此，整个世界都是为他们创造的。为此，他们应该每时每刻地照料它、满足它的需要。

犹太人对于上帝创造的世界的照料是如此悉心，如此认真。当亚述军队侵犯犹太王国时，犹太国王希西卡塞住了城外某处的泉源，使亚述人没有水喝。但是，犹太拉比们知道了国王的做法后，不赞同希西卡的行动，因为在他们看来，堵塞泉源是一种对大自然的破坏行为。

在《圣经》中，犹太人甚至禁止在作战时砍伐果树，他们把它视为破坏自然平衡——即造物秩序的恶行。

对于砍伐果树，犹太拉比们的看法是：

"你若长期围困、攻打一座城，就不可举斧子砍坏树木，因为你可以吃那树上的果子。田间的树木难道是人可以糟蹋的吗？无论是谁，只要砍伐结果子的树，就要受鞭刑。"

在犹太人眼中，不仅在围城时砍伐果树是被禁止的，无论何时，只要是恶意砍伐果树，都要惩之以鞭刑。但是，如果果树对其他的树木造成了破坏，或对别人的土地造成了破坏，或者它用于别的目的价值更大，那么，可以砍伐它。

犹太法律禁止对树木的恶意破坏是十分严格但又非常理性的。

犹太人对于爱惜大自然的心情略见一斑。爱惜大自然，保护我们的家园，是犹太人教育的成功之处。

饮食有度有时

我因三件事而羡慕波斯人：他们饮食有度，如厕有度，房事有度。

犹太人把饮食的节制，作为健康体格的先决条件，并把它看作是与清洁相辅相成的。

拉比伽玛列说："我因三件事而羡慕波斯人：他们饮食有度，如厕有度，房事有度。"

犹太人饮食有"度"的基本原则是："吃（胃的容量的）三分之一，喝三分之一，留下三分之一的空。"平时，犹太人无论是出于贫穷，还是出于节俭，通常都是吃最俭朴的饭。《塔木德》中提到"穷人"干完活回到家后吃的晚饭是"面包加盐"；然而，即使是吃得起佳肴美味的人，也是"早餐面包加盐，再加上一罐水"。

犹太人把这样的饮食作为能除百病的饮食之道。

对于饮食，犹太人还有许多良言：

"从需要祭献的白面包中吃得最少的人，身体健康并有福气，比他吃得多的人是嘴馋的人，比他吃得更少的人会得肠胃病。"

"40岁之前吃饭有益，40岁之后饮酒有益。"

犹太人认为，合理的进食时间是感觉到需要进食物的时候，"饥时食，渴时饮"。作为原则，犹太人是每日两餐，安息日例外，多加一餐。晚餐是一天的活干完之后回家吃，而早餐是劳动者在工间吃。

不同阶层的犹太人有一个不同的进食时间表：

斗剑士在第1个小时用早餐，看墓人在第2个小时，有钱人在第3个小时，干活的人在第4个小时，老百姓在第5个小时。

另一种观点认为：老百姓在第4个小时用早餐，干活的人在第5个小时，圣哲的门徒在第6个小时。

犹太人认为，吃早饭晚于这个时间就像把石头扔进酒囊中。

拉比阿基巴忠告他的儿子："早起床，先吃饭，夏天是因为热，冬天是因为冷。谚语说得好，'早饭吃得早，比谁都能跑。'"

吃饭时犹太人是坐着，因为犹太人认为，站着吃喝毁坏身体。犹太人还认为，人吃饭的时候不应该讲话，以免把食物吃到气管里，危及生命。犹太人在旅行时，往往会减少饭量。旅行的人吃的饭不应超过在荒年正常的饭量，犹太人认为这可以避免肠胃不适。

节制饭食和讲究饮食之法，是犹太人身体健康、长盛不衰的重要原因，也是他们的生存智慧。

不要吃对身体有害的东西

不要吃自己所不喜欢的食物，否则就违背了三条戒律：轻视自己，轻视食物，违背了祝福。

《塔木德》中说：孩子，在你的生活中，要节制食欲，不要吃对身体有害的东西。不是所有食物都适合每一个人，不是所有的人都喜欢同样的食物。别以为你非尝尽人间美味不可，别什么都贪吃。吃太多会生病的。长此以往，你的胃就受不了。

《圣经》中说：不要吃自己所不喜欢的食物，否则就违背了三条戒律：轻视自己，轻视食物，同时违背了祝福。

犹太人认为孩子在成长发育中有以下需要：

维生素：维生素能增强日常饮食不佳者的智力。血液内维生素含量不够的儿童，可适当增加维生素添加剂。在今天，大多数的孩子身体的营养状况很好，正常饮食就可以使他们得到足够的维生素，不需要添加剂。

食物：包括谷物、面包以及橘子（促进铁的吸收）在内的早餐能为大脑提供良好的养料。

水：水分缺失有损思维。充气的饮料能引起血糖浓度激增，影响能量的稳定释放。茶和咖啡是利尿剂。

新鲜空气：新鲜的氧气有助于大脑正常的工作。儿童应当在凉爽、通风的环境之中活动，并多做深呼吸。

健脑操：儿童可以通过一些简单的锻炼——例如头部的按摩和胸部的按摩来激活大脑功能、缓解精神压力以及增强注意力。

阅读：在理解课文时，使用有色镜片的特殊眼镜，对一些儿童来说是大有裨益的。

交谈：父母应当在孩子四岁左右时从哲理角度和他们进行谈话，以此来加强孩子的思维能力与好奇心。

音乐：教授孩子古典音乐，能改进他们识别时空物质形态的方式。

电视：限制孩子看电视。电脑要求孩子进行更多的人机交流，看来更加可取。

睡眠：小孩子每晚应当保持在 10 个小时以上的睡眠，而且应该在晚上九点钟以前上床睡觉。

环境：把孩子的寝室粉刷成蓝色，这将促进孩子放松情绪。

不要给孩子盲目减肥：今天的孩子普遍肥胖。人的胖与瘦是人的

基因决定的，如果说你硬要去违反一个孩子的基因功能，就会把事情弄得更糟。当然，这不排除你用饮食来达到为孩子减肥的目的。

三天喝一次的酒是黄金

早晨的酒是石头，中午的酒是红铜，晚上的酒是白银，三天喝一次的酒则是黄金。

《塔木德》上写着："早晨的酒是石头，中午的酒是红铜，晚上的酒是白银，三天喝一次的酒则是黄金。"犹太人对饮酒都很有节制，因此我们很少看到喝得烂醉如泥的犹太人。

犹太人很少喝到醉得不省人事的程度。在犹太文学中，也几乎没有出现过这种人。但是酒和犹太人之间，却有着密不可分的关系，小孩子从小就清楚葡萄酒的味道，安息日时，酒是不可或缺的欢悦之一。此外，《圣经》上也不断反复说明酒的功用，还时常用酒来比喻快乐的事情或丰饶的物产。

《塔木德》说："饮酒适量，可以促进头脑的灵活。"但是，这本书也同时告诫我们："饮酒过度会失去智慧。"长久以来，许多拉比们都承认，酒对人类而言，是一种美妙无比的药物，只要有酒的地方，就可以少用许多药物。

拉比·以色列说："酒能开心，使人舒畅。"

贤人们一面介绍酒的乐趣，同时也告诫过饮酒之害。

夜晚一到，有些民族的许多人都喝得醉醺醺，但是几乎所有的犹太人，都能在适度的饮酒之后，翻开书本来充实自己，或是倾听优美的音乐，来松弛一天紧张的生活。

犹太人所主张的，不是要少享乐，而是要更好地享乐。斯宾诺莎曾经写道："我认为一个明智的人为了恢复健康和体力，会吃数量适中的美味食物和鱼类，其它如香料、绿色植物、装饰、首饰、音乐、体育活动、演出等等都同样如此。每个人都能消费而不会给别人造成任何损害。"节制就是这种适度，通过它，我们才能成为各种娱乐的主人，而不是它们的奴隶。这是自由的享乐，只会享受得更好，因为它也享受着它自身的自由。

第 **7** 章

交对朋友，事就成了

—— 犹太人如何进行人际关系教育

跟谁都能搭上话，3分钟让你的世界没有"陌生人"。只要你愿意，你可以和任何你想要认识的人成为朋友，并让他帮助你成事，成功！

鼓励孩子走出家门

交往的技能只有在与人交往中才能学会，家长应该尽可能地为孩子打开生活空间，鼓励孩子走出家门，广交朋友，要提供更多的交往机会。

一句温馨的祝福比得过大笔的资金。社交能力是孩子所必需的一种能力。

好多父母对孩子关切过度，事事代为安排，往往令孩子失去发展合群性的机会。例如当孩子学习自己玩的时候，父母常过分注意他，拿东西给他、抱他，令孩子不能自由、充分地发展自己的兴趣，这样的孩子很少向人打招呼。因为总是父母先开口，教他叫某叔叔或某阿姨。父母常喜欢拿他来向人炫耀，次数多了则令孩子感到尴尬。孩子生病时，父母总是不眠不休的细心照顾，同样，当孩子顽皮时，父母也往往把事情看得太严重，以致小题大做。

凡此种种，使孩子太少练习说话能力，不懂如何合群与讨人喜欢。入学以后，这类孩子也很难适应学校生活，不容易结识朋友。与同龄的伙伴玩耍时，也不能相安无事，不是畏缩，便是争吵打架，最后被群体孤立。

正因为以上原因，使当代独生子女的社会适应能力普遍发展较缓慢。如果不能及时辅导，孩子便逐渐养成内向、孤僻、沉默寡言、软弱怕事的性格，没有一般小朋友的天真活泼气息。另一方面，也会造成做事过分认真，追求完美，以至容易钻进"牛角尖"。

一个女孩走过一片草地，看见一只蝴蝶被荆棘弄伤了，她小心翼翼地为它拔掉刺，让它飞向大自然。后来蝴蝶为了报恩化作一位仙女，向小女孩说："为了报答你的仁慈，请你许个愿，我将帮您实现。"小女孩想了一会说："我希望永远快乐。"于是仙女弯下腰来在她耳边悄悄细语一番，然后消失无踪。小女孩果真很快乐地度过一生。当她年老时，邻人问她："请告诉我们吧，仙女到底说了什么，让您的一生都这么快乐？"她只是笑着说："仙女告诉我，我周围的每个人，都需要我的关怀，需要我真心以待。"

让我们来看看犹太父母培养孩子社交能力常用的方法吧。

一、创造平等和谐的交往氛围

家长不能摆出"长者尊严"的面孔训斥孩子。家庭中涉及到孩子的问题，更应想到孩子，听听他们的意见。家庭中的大事，孩子可以知道的应该让孩子知道，适当地让孩子"参政议政"。

二、教给孩子基本的交往技能

孩子的交往技能，如分享、协商、轮流、合作等，需要家长在潜移默化中传授给孩子。通过一个个生动的故事，教孩子学会关怀别人——这正是与他人积极相处、培养孩子的社交能力的根本。

三、鼓励孩子走出家门

交往的技能只有在与人交往中才能学会，家长应该尽可能地为孩子打开生活空间，鼓励孩子走出家门，广交朋友，为孩子提供更多的交往机会。

如：让孩子去找伙伴玩，邀请邻居家的小孩子、同班同学来家做客；适当地带孩子进入自己的社交圈，外出访客时，尽可能带孩子参加，提醒孩子注意大人间的交往与谈话礼貌；家中有客来，把孩子介绍给大家，让孩子参与接待，倒茶、让座、谈话等等，不要一味地将孩子赶走。

让孩子在实践中学习交往，有利于消除孩子交往中的胆怯、恐惧心理。平时家长还可以有意识地让孩子去完成一些需要交往的任务，比如说去楼下小店买个日用品，帮忙把什么需要转交的东西送到哪里等等。

四、鼓励孩子的每一点进步

随着孩子的成长，在与他人交往时一定会有明显的进步，一见陌生人就胆怯退缩不敢说话等情况一定会有所改变。这时候，家长应及时去发现孩子的每一点变化——课堂上勇敢地举手发言；第一次主动与教师打招呼；热情邀请同学来自己家做客；向一个陌生人微笑致意；购物时学着讨价还价；同情弱者；帮助他人——所有这一切，你要随时看在眼里，记在心里，并持续不断地鼓励他。如此坚持下去，你一定能看到孩子的良好表现而备感欣慰。

人是有社会性的，每个人要想在社会上生存，就必须学会与他人沟通、交流，掌握一定的交往技巧。

父母要做的，就是让自己的孩子早日融入社会这个大家庭。

泄露秘密意味着失去友谊

如果一个人的屋顶特别高，高到可以俯瞰邻居的庭院，他应该在屋顶周围修建足够高的栏杆，以拦住视线，使自己看不到人家的庭院。

"能够守口如瓶的人才是善于处世的高手。"《塔木德》上如是说。

在处世智慧中，犹太人很强调为人保守秘密。保守秘密是一个人是否值得信赖的试金石。犹太人常常把人的价值用保守秘密到何种程度来予以计量。同样，他们认为没有秘密就不算真正的儿童时代。秘密的存在可以帮助儿童的成长。但是，保密与撒谎之间的痛苦挣扎，始终会伴随着拥有秘密的儿童。

犹太人告诉孩子的许多格言，说明保守秘密的重要性：

"听到秘密很容易，但要将之保存下来则是很困难的。"

"有三个以上的人知道的消息，就不能称之为'秘密'了。"

"只有傻瓜和小孩不能保守秘密。"

在众多犹太人守秘的格言中，犹太人最喜欢的是：

"喝下秘密这种酒，舌头就会跳起舞来，所以应该特别小心。"

个人秘密会影响人际关系，人们通常会把秘密告诉自己信赖的人，围绕在秘密知晓者之间的是亲密关系，而被秘密排斥在外的人，则有可能是排斥关系甚至敌对关系。

孩子们的秘密多种多样，有不让父母知道的秘密、有不让朋友知道的秘密、令人难以理解的幻觉秘密、藏身或脱身的秘密场所、被人出卖的秘密、被人信任的秘密以及与其他重要的人共同拥有的秘密。

一项心理研究发现，只有6~9岁的孩子才会经常去思考该不该把秘密泄露出去的问题。10岁的孩子就会用友谊的标准来衡量自己的行为。12岁的孩子就越来越能够感觉到自己有为他人保守秘密的责任，他们认为，泄露他人的秘密就意味着自己失去一份友谊。如果他们泄密，就会受到朋友和良心上的谴责。

犹太人认为当一个人得知一个秘密时，都会沉不住气地想把那一份秘密透露出去，并且认为这是人之常情。因为一个人拥有某种秘密时，他希望可以借此引人注意。每一个人都喜欢打探别人的秘密，同时也希望吸引众人注目的眼光。说出秘密时，必定会受到大众的注目，而使人觉得高人一等。但是，犹太人又认为，当一个人从朋友甲处听来一件秘密，再将此秘密转告给乙时，表面上似乎非常信任乙，事实上却不是这样。他非但不信任乙，而且也已经辜负了朋友甲的信任。

为此，拉比教育学生说："只要秘密仍在你手中，你便是秘密的主人；但当你说出秘密后，便会成为它的奴隶。"

在日常生活中，犹太人保守秘密，为人守口如瓶，常常表现为对别人隐私的尊重。

有一次，占卜者巴拉姆去诅咒以色列人。可是，一看到他们的营地，他就开始为他们祈祷。原来，巴拉姆看到以色列人的帐篷并非彼此正对着，他认为他们尊重彼此的隐私，所以为他们祈祷。

犹太人把对隐私的高度尊重诉诸法律，防止对隐私做任何方式的探查。为了尊重别人的隐私，犹太拉比告诫人们说：

"在他宣誓的时候，不要向他提问。"

"当你的朋友愤怒的时候，不要试图安慰他。"

"尸体还停在他面前的时候，不要试图消弥他的悲伤。"

"在他不幸的时候，不要坚持去看他。"

《塔木德》规定，如果一个人的屋顶特别高，高到可以俯瞰邻居的庭院，他应该在屋顶周围修建足够高的栏杆，以拦住视线，使自己看不到人家的庭院。

拉比们是这样解释特殊规定的：

庭院的主人只在特定的时候使用自己的院子，可屋顶的主人却没在特定的时间使用他的屋顶。庭院的主人没法知道屋顶的主人什么时候到屋顶上来，这样庭院的主人就没法不让人看到自己在院子里，也没办法保护自己的隐私。

所以，每一个犹太父母都会教育小孩要尊重别人，尊重他人不同的生活习惯，保守别人说给自己的秘密。只有这样，才能成为一个值得别人信赖的人，成为一个人人尊敬的人。

好父母尊重孩子的友谊

孩子性格的发育同他的人际关系是相关联的。在所有人际关系中，家庭关系和小伙伴友谊对他影响深远。

《塔木德》说：

如果我不为我而存在，谁为我而存在？

如果我只为自己而存在，我是什么？

父母要明白，孩子性格的发育同他的人际关系是相关联的。在所有人际关系中，家庭关系和小伙伴友谊对他影响深远。

孩子长到七八岁时，就开始离开父母寻找玩伴了。这个年龄的孩子越来越看重同学与朋友对他的态度。尽管他们的精神与感情食粮要从父母身上汲取，但他们认为能从朋友们身上得到意外的源泉。

一位著名的犹太教育家把孩子的交友过程分为四个互相重叠的

阶段：

1. 三到七岁的孩子为自我中心阶段。这个阶段的孩子，经常把一起玩或住得较近的孩子当成朋友，"最好的朋友"则是住得最近的孩子。这时的孩子寻找朋友就是为了有用，对方有他喜欢的玩具或他自己不具备的能力。

这个阶段的孩子更善于交往，却拙于影响他人。

2. 四到九岁的孩子为自我满足阶段。这个阶段的孩子在这个交往过程中，更多地不是由需要决定。他们把朋友作为一个人，而不是自我需要而交友，互惠不是目的。因此，他们往往无法同时交上一个以上的朋友。

3. 六到十二岁的孩子是互惠阶段。这个阶段的孩子，他们交友的特点是互惠平等。他们能够考虑双方的观点，非常关心平等问题，因此评判朋友时就有了非常明显的比较：谁为谁做了什么，并希望得到回报。正因为互惠的关系，这时有友谊也只局限于一对、小团体或小派别，而且一般多为同性关系。

4. 九到十二岁的孩子是亲密阶段。孩子们在这一阶段能够保持相当亲密的朋友关系。他们对朋友的表面行为不再注意，转而关心其内在素质和幸福与否。许多心理学家把这一阶段视为所有亲密的基础，认为这时候如果不能找到亲密的朋友，那么到年少或成人时代，就永远得不到、也不会找到真正的亲密伙伴。

针对以上孩子的这几个情感阶段，父母可以采取不同的措施来帮助孩子建立友谊，培养孩子的团队精神与协作精神。

很多教育家认为孩子儿时的友谊影响孩子交友的习惯、自尊心，其程度几乎相当于父母的爱抚和关怀。相反，如果一个孩子失去朋友，或者说是不被同伴所接纳，那么即使是在日后取得很大成功，终生也会有一种不安全感和不满足感。

针对孩子的成长，在不同的阶段，父母为孩子所提供的教育方式应有以下几点：

第一，孩子在自我阶段时，父母要为孩子多设计一些活动，邀请与孩子性格相近的或有共同兴趣的孩子来参加一些活动。在活动中，孩子如何相处并不重要，重要的是孩子们能够相互在一起。如果孩子比较内向与孤僻，这种活动更为重要。

第二，孩子在满足阶段时，父母要对孩子强化朋友的价值。让孩子看重友谊，鼓励孩子交往。如果孩子对另一个孩子表示出正面的积极情感，即使父母对此有怀疑和担扰，也不要否定或诋毁对方。如果孩子受到他人的取笑和欺侮之后，不要鼓励孩子抱怨对方，这样会强化孩子的孤僻。

第三，孩子在互惠阶段时，父母不要只做一个旁观者，要积极参与到孩子的友情之中，让孩子感到满足与安全。父母的知识与经验，对帮助孩子交友中出现的问题是很有意义的。父母应该帮孩子形成宽容的品格，让他们自己去面对和承受亲密朋友之间的伤害，让孩子自己决定如何处理负面的情感与经历。在适当的时候，父母教孩子一些交友经验与技巧是有必要的。

第四，孩子在亲密阶段时，父母的作用就是指导。确定与孩子年龄相适应的活动，灌输正确的交友价值观，鼓励孩子个人的成长和人际关系的发展。这个时候孩子对父母的依赖感可能会减少，这是极为正常的现象，父母要用宽大的心胸来容纳孩子。

有尊重才能有自信

世上没有废物，只是放错了地方。只要选准一条适合自己的路，坚持下去，自强不息，积极进取，就一定能成功。

犹太人培养孩子独立意识的做法，在我们看来虽有些残酷，但绝对理智。它正是犹太民族长期流而不散的一个重要原因。

这种相信自己的思想，是孩子们独立意识形成的基础，它使犹太小孩从小便有独立生活的意识。他们相信，只有自己才能养活自己，靠别人来生活绝对是天真的幻想。

因此，他们在任何条件下，都能顽强地生存下去。他们凭借的是自己的能力，再加上强烈的生存意识，他们当然能找到赚钱的好办法去解决自己的生活问题。

而商业经营者作为独立掌握自己命运的分子，首先应具备的便是这种理智的独立意识与生存意识。

这种意识还构成了犹太商人自我保护的"防护膜"，使他们从不陷于别人的商业陷阱。

具有独立意识，只是你掌握自己命运的第一步，你还必须具有自强不息的精神。可以说，自立当自强，自强促自立，两者相辅相成。

杰出的人物之所以能成功，一个重要的原因就是他们具有必胜的信念，均能自强不息。生活中总有许多人抱怨自己没本事，从而消极平庸，但实际上每个人都有成功的潜质，正如拿破仑所言："世上没有废物，只是放错了地方。"只要选准一条适合自己的路，坚持下去，自强不息，积极进取，就一定能成功。

自强不息是犹太人的一个优良传统，在困难和挫折面前，他们从不退缩，迫害和杀戮也封锁不了他们前进的路。从罗马帝国时代起，犹太人便被迫离开故土，流散天涯。在漫长的流亡漂泊岁月中，犹太民族的特性、宗教、语言、文化、文学、传统、历法、习俗和智慧没有因这两千多年的悲惨民族史而分崩离析，他们至今仍保持着自己民族的特色和凝聚力。千百年来，犹太人人才辈出，精英遍布世界。处境恶劣与成果卓著形成的强烈反差，是这个民族旺盛的生命意识和自强不息的进取精神的反映。

教育孩子首先要培养孩子自信的优良品格，这一点十分重要。一个自信的孩子首先必须得到父母和他人的尊重。有自尊才能有自信，因此，对父母来说，要孩子自尊，父母就要尊重孩子，让孩子处处感到父母的爱和因为他带给父母的自豪。

跟狗玩就会有跳蚤上身

一位忠实的朋友，就像一顶牢固的帐篷，会为你遮挡风雨。他是无价之宝，不要轻易忘掉。

有个富翁生了 10 个儿子，他计划自己去世的时候给他们每人 100 第纳尔。

可是，随着时光流逝，他失去了一些钱，只剩下 950 第纳尔。所以他给前 9 个儿子每人 100 第纳尔。最后他对最小的儿子说：

"我只剩下 50 第纳尔了，我还得留出 30 第纳尔作为自己的丧葬费。我只能给你 20 第纳尔。不过，我有 10 个朋友，准备都留给你，他们比 100 个第纳尔好多了。"

他把最小的儿子介绍给朋友们，不久就死去了。

前 9 个儿子各自谋生，最小的儿子也慢慢地花着父亲留给他的那点钱。当只剩最后一个第纳尔时，他决定用它请父亲的 10 个朋友美餐一顿。

父亲的朋友们一起吃啊喝啊，纷纷说："在这么多兄弟中，他是唯一还记得我们的人。让我们对他仁慈一些，报答他对我们的好意。"

于是，父亲的朋友们每个人给他一只怀了牛犊的母牛和一些钱。母牛产下小牛，他卖了牛犊，开始用换回来的钱做生意。上帝保佑他，他比自己的父亲还富有。

后来，他成为一名拉比。他说："我父亲说朋友比世上所有的钱都珍贵，这话一点都不假。"

正因如此珍重友情，犹太人交友时非常慎重，绝不滥交朋友。他们有一则最出名的交友格言就是："跟狗玩，就会有跳蚤上身。"

犹太人认为，没有朋友的人就如同失去手臂一般。他们将朋友分为三种：第一种是像面包一样的朋友，不可或缺；第二种是像酒一样的朋友，偶尔需要；第三种是像狗一样的朋友，不注意躲闪，就会引得跳蚤上身。

一位犹太哲人这样写道：

"亲切可爱的演讲获得热烈的掌声，和蔼可亲的神态受人欢迎。"

"许多人向你祝贺，但真正的朋友万里挑一。"

"如果你想要得到朋友，那需要患难见真心，切不可轻信。"

"一些人是阶段性的朋友，在你危难时他就会离你远去。"

"一些人是酒肉朋友，在你幸运时对你笑脸相迎，在你不幸时逃之夭夭。"

"某些朋友翻脸不认人，一有利益冲突，就会变成敌人。"

"一位忠实的朋友，就像一顶牢固的帐篷，会为你遮挡风雨。他是无价之宝，不要轻易忘掉。"

"走进香水店，就是什么都不买，也会沾上芳香的气味。"

不懂礼节就会被瞧不起

不论一个人的思想多么超前、世界观多么先进，也不论一个人多么富有，如果他不懂得礼节，不善于在各种不同的场合保持大方的举止，他就会被人瞧不起。

在犹太人看来，不论一个人的思想多么超前、世界观多么先进，也不论一个人多么富有，如果他不懂得礼节，不善于在各种不同的场合保持大方的举止，他就会被人瞧不起。

一位犹太拉比说：一个人要保持良好的风度，表现出很好的修养，就不要忸怩作态，不要看不起别人。我们不要因为自以为自己具有某些长处，便以为应在别人面前占优势。我们应该谦虚本分地接受别人对我们的批评。

犹太教育家弥塞亚说：行为美是一种表现方式，要掌握好方法。

有时帮助了人，却有可能因为不得体而使对方或旁观者不悦。

培养行为美，一直为犹太人所重视。早在犹太的远古时代，培养优美的行为举止就成了社会所关注的事。从西方到东方每个民族都有着他们一系列的举止仪式，他们通过一些专门学校和体育场所来训练人们的举止仪态。

在犹太民族的普通小学，都特别注重培养学生的举止和礼节。同时还有大量指导礼节的书籍。

犹太教师在接受礼仪培训的过程中首先要接受这样的培训：你们在生活中每时每刻都在教育孩子，即使你们不在家的时候，也如此。你们怎样穿着打扮，怎样同其他人谈话，如何议论别人，怎样对待朋友和敌人，怎样笑，如何看报——所有这些，无不对孩子具有重大意义。孩子能觉察到你们语气和脸色最细微的变化，通过各种无形的途径了解你们思想情绪的变化。

犹太拉比以利亚拉说：

不要忽略教育的任何一个方面，要教育孩子们讲究整洁，保持身体和服装的清洁，讲究举止风度和待人接物的尊严，同时要以普遍而永恒的本源来说明这一切的必要性——这种必要性不是来自社会身份等级地位的虚假要求，而是来自崇高的人类称号；也不是来自礼仪表面的虚假观念，而是来自人类尊严的永恒观念。

人类的尊严、人道主义、对周围人们的关心，同时也表现为对自己举止风度美的关心——这就是犹太人衡量行为美的标准。

一个孩子的行为美是社会进步的一大标志，是社会的一种需求，也是为人父母者所面临的挑战。

虽然他有着无穷的智慧和神秘的外表，却因他凡人的品性和粗俗的举止，使他陷在日常生活的琐碎问题之中。一个人的修养从哪里开始，就会沿着哪条线前进。

优秀的孩子不是孤独的

任何一个有所作为的人，总是在团队中获得成就的。除非这个人是苦思冥想的思想家与哲学家，远离人群才让他感到精力充沛，才思敏锐。

犹太雅波尼拉比有个很受欢迎的说法：

我是上帝的创造物，我的邻居也是上帝的创造物。我在城区工作，他在农村工作。我为我的工作而早起，他为他的工作而早起。正如他不擅长我的工作，我也不擅长他的工作。你会说我干的事情了不起，那么他干的事情就很渺小了吗？

不要鄙视任何人，没有什么不可能。因为任何人都有自己的事情，任何事情都有它的价值。

人不应该在睡着的人群中清醒，也不应该在醒着的人群中睡着。

不要在欢笑的人群中哭泣，也不要在哭泣的人群中欢笑。

不要在别人站着的时候坐下，也不要在别人坐着的时候站着。

总而言之，人不应该从他身边人的行为状态中脱离出来。

任何一个有所作为的人，总是在团队中获得成就的。除非这个人是苦思冥想的思想家与哲学家，远离人群才让他感到精力充沛，才思敏锐。

在孩子漫长的一生中，团队精神直接影响着他的命运。父母从小就要让孩子学会与他人相处合作。

孩子在三、四岁时，就愿意加入到群体之中。到六、七岁之时，孩子们就开始意识到，加入某一个群体使他有精神的归属感，可以增强信心，他们甚至会死心塌地忠诚于这个团体。

孩子在这个年龄段，最为痛苦的事是被同伴排斥。一个孩子如果得不到同伴或得不到团体的接受，这对孩子来说是十分痛苦的事，自

信心就会受到挫折。

一位犹太教育家认为，通常会有两类孩子遭到伙伴的排斥：

一是出于特殊原因暂时被拒绝。这种情况主要是由于迁居他处，人生地不熟。一般来说，经过一段时间后，孩子就会找到他的伙伴，很快被同伴们所接受。

另一种情况是孩子的性格所造成的。例如有的孩子性格内向，离群索居，极为害羞。有的孩子性格极为外向，富有侵略性，脾气暴躁。这两种孩子的情况比较让父母担心，如果不加以引导，他们就会变得非常孤僻，容易沉浸于暴力与报复性行为的幻想之中。如果父母不加约束与管教，就有可能走上犯罪之路。

为了避免以上这几种情况的出现，父母可以从多个方面来帮助孩子：

不要把孩子死死限制在家中，这样孩子可能会更加封闭。父母要鼓励孩子参加团体活动，让他们开眼界，长知识。孩子长到七八岁时，就要鼓励他们参加各种活动与团体。如果孩子是被某个团体所拒绝，可以让孩子参加一些以某项技能、兴趣爱好、交流指南等为基础的特定的团队。在这些主题团队中，成员在个性、兴趣和社会技能方面更有可能处于同一水平，因而孩子们更容易相处。

如果孩子暂时没有朋友，父母就和孩子站在一起，给孩子一种心灵的安慰，不要让孩子有失败感与无能感。纵然这种安慰是暂时的，却是孩子需要的。

让孩子在家庭中成为主角，比如可以让孩子制定家庭旅游计划，成为旅游的计划者，让孩子安排家庭活动等，这样可以锻炼孩子在社交上的能力与技巧。

父母可以加入某个社团，这样会让孩子受到感染。深厚的家庭传统是重要的资源，它会让孩子受益无穷。

理解别人的痛苦

如果一个人知道悔过，别人就不应该对他说："记住你从前的所为。"

如果他是赎罪者的儿子，他不应该受到奚落："记住你的父亲做过的事。"

一个人能否成为受别人欢迎的人，很大程度上取决于他是否具有同情心，是否关心别人。

在犹太人中，父母从小就让孩子参与抚养小动物，通过这些促进孩子的同情心和责任感。很多的家长还带孩子去动物领养机构，让孩子领养无家可归的动物。

在他们看来，从关心小动物到关心他人，对孩子来说这二者没有太大的区别，但孩子的同情心却可以在照顾小动物的过程中一点点的积累起来。

孩子在一到三岁之间，已经能分辨出自己和他人，同时也能分辨出自己的痛苦与他人的痛苦。在一岁之前的孩子是分不清自我和他人，分不清自己和世界的。自己的痛苦和世界之间有什么关系，他人的痛苦和自己有什么样的关系，对这个时期的孩子来说是混混沌沌的。所以我们只看到这个时期的孩子哭。当他看到别的孩子哭泣时，自己也会跟着哭。

孩子到了三岁左右时，就会对他人的痛苦表示出本能的同情了，如表露出关心的表情，同情的关注，甚至用充满同情的肢体接触，抚摸、轻拍，以示安慰。

然而，在此阶段，孩子仍然不具备语言的安慰和更为高级的同情、关心行为。

孩子到了五到七岁时，他们就已经具有了对他人的同情认知的反馈能力。也就是说，已经超越了他人哭我也哭，或者说是他人哭我立即跑过去表示"安慰"的阶段，而是能够根据别人痛苦的情况，决定安慰的时间和关心的形式：是陪别人哭，还是语言安慰，或者说是去叫大人来处理等等。

孩子到十岁左右时，许多孩子已经能够用理智的态度来对待弱势或者是劣势的人和事，表现出恰当的同情心和关心。

这个时期的孩子的同情心已不再局限于家庭或者是认识的人身上了，他们已经把同情心扩散到任何一个弱势或者是劣势的陌生人和事件上了。

从上面这些孩子的年龄段来分析，培养孩子同情心的最佳时机是从小时候开始。此时一方面孩子已经具备了形成同情心的心理基础，另一方面是孩子的模仿能力强，父母通过言传身教，就能增强孩子的同情心。

孩子具有天生的同情心，父母应该注意保护、培育，不要轻易扼杀。

当孩子做了好事时，父母要多加鼓励。因为父母的信任感，外界的反馈会促进孩子有更多的行动，孩子与父母的互动会形成良性的循环。

《塔木德》中说：

如果一个人知道悔过，别人就不应该对他说："记住你从前的所为。"

如果他是赎罪者的儿子，他不应该受到奚落："记住你的父亲做过的事。"

关注孩子成长的父母，一定要警惕孩子冷漠心态的滋生与发展。要多带孩子到生活中去感受他人的苦难，理解什么是爱，让孩子多参加各种社会公益活动……

当孩子有热心行为时，父母要及时给予表扬、鼓励、奖励。孩子在你的鼓励下，会变得更加有爱心，终将成为播撒幸福的使者。

站在别人立场上考虑问题

己所不欲，勿施于人。为了人际关系的和谐，就要教育孩子从别人的角度考虑问题。

有一家犹太人养了一只狗，全家人都喜欢这只狗，尤其是主人的儿子，对狗更是疼爱备至，整日同吃同住，难舍难分。

可是，有一天，狗突然死了，这使儿子伤心至极、痛不欲生。父亲认为狗迟早会死，只能把它扔出去了事，但儿子却一定要将狗埋在自己家的后院。

结果，父子两人为此而闹僵了。无奈，只好找拉比咨询。拉比尽管常常为别人提供各种咨询，但从来没有涉及狗的葬礼。但他很了解此时那个小孩无比悲伤的心情。

于是，拉比就查找有关资料，结果正好在《塔木德》中找到了一个有关的故事。

古时候，有户人家发生了这样一件事——

一次，有条毒蛇爬进牛奶桶中，它的毒液溶进了牛奶，这件事只有家里的狗看到了。

晚上，全家人正要喝桶中的牛奶时，狗就叫了起来，并扑上来打翻了盛奶的杯子，自己喝了起来，正当大家生气时，狗已经死了。

这下子全家人才恍然大悟，原来牛奶里有毒，所以大家对狗感激不尽。

听完这则故事后，父亲同意儿子的做法。

这个故事表面上是讲有关狗的事情，但实际上是教诲人们，凡事多从他人的角度考虑和着想。当然，这件事能够圆满解决，和拉比的处世艺术也是分不开的。他没有把任何东西强加于父亲，只是讲了一个关于狗的故事，这就在尊重了儿子意愿的同时，也尊重了父亲的权

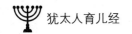

威，那么，父亲何不顺水推舟呢。

己所不欲，勿施于人。为了人际关系的和谐，犹太父母常常教育孩子从别人的角度考虑问题。

脱离集体就是罪恶

不管你把学问做得多好，把自己与社会隔开，这本身便是罪恶。

有个优秀的拉比，为人亲切而富于慈爱之心，做事十分严谨，对神又非常虔诚。所以，他理所当然地受到了弟子们的衷心爱戴。

过了80岁后，他的身体突然一下子开始变得虚弱了，并很快地就衰老下去。他知道，自己的死期已经临近，便把所有弟子叫到了床边。

弟子到齐了之后，拉比却开始哭了。弟子十分奇怪，便问道："老师为什么要哭呢？难道你有过忘记读书的一天吗？有过因为疏忽而漏教学生的一天吗？有过没有行善的一天吗？您是这个国家中最受尊敬的人，最笃信神的人也是您。并且，您对那像政治一样肮脏的世界，从来没有插过一次手，按道理说老师您没有任何哭的理由。"

拉比却说："正因为像你们说的这样，我才哭啊。我刚刚问了自己：你读书了？你向神祈祷了？你是否行善？你是否做了正当行为？对于这些问题，我都可以作肯定的回答。但当我问自己，你是否参与了一般人的生活时，我却只能回答：没有。所以我才哭了。"

以后，拉比们常用这则故事来劝说人们参与"一般人的生活"。当然，这个"一般人的生活"不是指一般意义上的衣食住行，也不是指常人的其他感性生活，而是特指犹太民族的集体生活。

《塔木德》中明确规定：

如果一个犹太人完全与一切世事脱离，只是用功学习10年的话，10年后他就不能向神祈求宽恕了。因为不管你把学问做得多好，把自己与社会隔开，这本身便是罪恶。

好东西也不要强加于人

再好的东西，如果不加节制地强加于人，也会令人讨厌。

《塔木德》中记载着这样一个故事：

皇帝安冬尼有一次派使者到朱丹拉比那里，问这样一个问题："帝国的国库马上就要空了，你能给我一个增加收支的建议吗？"

朱丹拉比一句话也没有回答，他把使者带到了自己的花园里，然后安静地干起活来。他把大的甘蓝拔掉，种上小甘蓝，对萝卜和甜菜也是这样。看到朱丹拉比无意回答问题，使者对他说："请您抽出宝贵的时间，给我个回信。"

"你什么都不需要，马上回到皇帝身边去吧！"

于是，使者返回到皇帝安冬尼那里。

"朱丹拉比给我什么回信了吗？"皇帝问。

"很遗憾，他没有。"

"那他给你说了什么吗？"

"也没有。"

"那他一定做了什么吧？"

"是的，他把我领到他的花园里，把那些大棵的蔬菜拔掉，种上小的。"

"那我明白他的建议是什么了！"皇帝兴奋地说。于是，他立刻遣散了他所有的税收大臣和官员，换成少量的更诚实、更有能力的人。不久，国库就充足起来。

犹太人运用这个故事说明：不要去强迫别人做他们不愿意做的事情。这正是犹太父母的一个教子智慧。

在现实生活中，人们进行种种欺骗的事情屡见不鲜。但是，犹太人认为坏事掩不住别人的耳目，人们终会有一天发现事情的真相。即使能够侥幸地瞒过别人，但是做了坏事之后，自己的心里一定会觉得很不舒畅，并时时怀着恐惧之心。因此，以不利条件强迫他人的做法是不可取的，不能强迫别人。

犹太父母经常给孩子们讲这样一个故事：

有一天，拉比在路上碰到两个男孩正在争辩。两个男孩子正在面红耳赤地争论到底谁的个子比较高，吵来吵去，还是没有结果。后来，其中一个男孩强迫另一个男孩站在水缸里和自己比较，他终于证实了自己的个子高一些。

拉比看到了这一幕，很伤心地对自己的弟子说："是否世界上的人都经常这么做呢？为了证实别人不如自己，就强迫别人站到水缸里；如果别人不愿意下去，他们就会自己爬到椅子上面，以显示自己优越于别人。"

犹太人经常引用这个故事告诫那些以不利条件去强迫别人的人。

再好的东西，如果不加节制地强加于人，也会令人讨厌。

因此，犹太人在教育孩子和别人进行竞争时，总是站在平等公平的立场上，而不是以不利的条件去强迫别人。

第 *8* 章

别太单纯，也别太不单纯

——犹太人如何进行处世教育

低调做人，高调做事。社会很简单，掌握人情世故很重要。

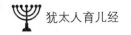

遇到小道消息赶快跑

青蛙、蛤蟆日夜不停地叫，叫得口干舌燥也没人注意到它的存在，可是公鸡每天按时啼叫，一啼人们就知道是天亮了。话说多了并没有好处，只要说的是时候就行了。

犹太人认为话一旦说出口，就像射出的箭，再也不能收回了。他们教育孩子，话不可以随便乱说，应该一字一句地斟酌才对。

犹太人认为，长舌远比三只手更令人头痛，假话传久就会变恶言，谣言足以隔离亲近的朋友。因此，不要用嘴巴去发现看不见的东西。同时，犹太拉比们还告诫学生说："遇到鬼的时候，你一定会拔腿就跑；同样地，遇到小道消息时，你也要快速地逃。"因此，犹太人在自己的周围，总是尊敬那些懂得听话艺术的人，而讨厌那些只是喋喋不休地说个不停的人。

拉比西蒙·本·噶玛尔对他的仆人塔拜说："到市场去给我买些好东西。"仆人去了，带回来一个舌头。他又对仆人说："出去到市场上给我买些不好的东西。"仆人去了，又带回来一个舌头。拉比对他说："为什么我说'好东西'你带回来一个舌头，我说'不好的东西'，你还是带回来一个舌头？"仆人回答说："舌头是善恶之源。当它好的时候，没有比它再好的了；当它坏的时候，没有比它更坏的了。"

基于此《塔木德》告诫人们说："不要说得太多——要习惯倾听多过说话。"对此，《塔木德》又说："神为什么给人两个耳朵，却只给人一个嘴巴呢？这是因为神要告诫我们：听的分量要有说的两倍，因此才这么做的。"

犹太人认为，愚者常常暴露出自己的愚昧，贤者却总是隐藏自己的智慧。假如想活得更幸福、更快乐的话，就应该从鼻子里充分吸进新鲜空气，而始终关闭你的嘴巴。

"青蛙、蛤蟆日夜不停地叫，叫得口干舌燥也没人注意到它的存在，可是公鸡每天按时啼叫，一啼人们就知道是天亮了。话说多了并没有好处，只要说的是时候就行了。话说多了不仅没有好处，甚至还有许多坏处：你在上课的时候老是不停地和邻座同学讲话，不但无法专心学习教师讲授的东西，也妨碍了别人的安宁；平时和朋友聊天，你若是滔滔不绝地讲个没完，就会给人"没修养"的感觉；况且话说得多了，出口不够慎重，难免又在无意间得罪了别人。"

"应该由心来操纵舌头；而不应该由舌头来操纵心。

少说多听已成为犹太民族的处世秘密之一。他们也是这样教育自己的子女的。他们告诉孩子舌头可比刀剑，必须小心使用，否则不但会伤害别人，而且还会伤到自己。

说大话者让人鄙视

只有凡事符合实际，才能令人信服，赢得他人的信任。盲目吹嘘只能引起别人的反感，久而久之，会失去原本相信自己的朋友。

虚张声势，从来是不可怕的。说大话者永远让人鄙视。

犹太人很早就认识到了这一点，他们也是这样教育孩子的。

犹太拉比经常给孩子们讲这两个故事。

从前，有一只山雀飞到海边，它夸下海口，说是要把大海烧枯！全世界都为山雀这一奇怪的举动而不安地议论纷纷。京城里挤满着吃惊的居民；森林里的野兽川流不息地跑过来；鸟儿也成群结队地往海边飞。大家都想看海水怎样燃烧，热量又有多大。

那些听到这轰动消息的人们都跑了过来，大家挤到一块，张大着嘴巴眺望这场奇观，他们默默地凝视着海洋，这时有人说话了："快看！快看！海沸腾了！快看，海着火了！"

"不对头！海在燃烧吗？不，没有燃烧。海发烫了吗！一点没有呀！"

山雀吹牛夸口，结果如何呢？最后它羞惭地逃回了它的巢。山雀的大话闹得满城风雨，却不曾把海烧着。

有只老鹰总在村子上空飞翔，一心一意想要下来抓小鸡。可不幸的是它被猎人看见了，猎人瞄准他就是一枪。空中强盗给打中了，顿时掉在地上，然而，鹰毛仍在空中飘了很久……这时公鸡从矮树林里正往外走，一看，他最怕的家伙一动也不动，两眼没有了神，利嘴失去了劲。这时候公鸡一下子变得威武万分！它的那顶鸡冠简直跟血一样红。"喂，鸟儿们，都来瞧一瞧吧！"它发出胜利的呼声，几乎喊破了喉咙。鸟儿飞来看见老鹰在公鸡脚下。"好样的，大公鸡！好样的，智谋家！你的力气竟这么大！"这位吹牛大王越叫越威风，用战胜者的姿态向四面瞅。偏偏有位朋友过去把那老鹰翻个脸朝天，从毛里面一啄，啄出一颗子弹，接着又啄出一颗。于是，真相大白，吹牛大王灰溜溜地溜走了。

有的人很像这只公鸡，最擅长的就是吹牛。

犹太家长从孩子小时候就教育他们要实事求是，不说大话。只有凡事符合实际，才能令人信服，赢得他人的信任。盲目吹嘘只能引起别人的反感，久而久之，会失去原本相信自己的朋友。

在夸奖别人之前绝不夸奖自己

即使是一个贤人，只要他炫耀自己的知识，他就不如一个以无知为耻的愚者。

世界上有很多不美丽的东西，但是其中最丑陋的便是"自大"。

有一位从事神圣工作的拉比好像在熟睡。他的旁边坐着信徒，他们正在讨论这位神圣的人无与伦比的美德。

"他是多么虔诚！"一个信徒带着陶醉叫了出来，"在整个波兰也找不到第二个像他的人！"

"谁能和他比仁慈？"另一个狂热地呐喊，"他给人以宽广无私的施舍。"

"还有多么温和的脾气！难道有谁见过他激动吗？"另一个信徒眼睛发光地低语。

"啊，他是多么的博学！"一个信徒用圣歌般的调子说，"他是第二个伟大的拉比！"

信徒们陷入了沉默，这时这位拉比慢慢地睁开了一只眼睛，用一种受伤害的表情看着他们。"怎么没有人说说我的谦虚？"他责备说。

犹太家长经常给孩子讲的这则"谦虚的拉比"的故事，嘲讽了一个毫不谦虚、狂妄自大的拉比的愚蠢。

犹太人认为，当一个人自满自大时，就会失去一个人应有的谦虚以及改过向上的念头。自满自大的人很容易犯错。因此，《塔木德》虽不认为自大是一种罪过，但却认为它是一种愚昧。有很多人总以为自己是世界的中心，但是周围的任何人却不可能那么重视自己，因此他厌恶别人的漠不关心，同时更为自己没有达到更高的目标而生气，于是就会产生过度的自我厌恶。在犹太人看来，这也是自大的一种。这种自我厌恶和虚荣心是互为表里的。

犹太人常说："如果自己的内心已由自己占满，就再也不会有留给神住的地方了。"因此在犹太人中，在夸奖别人之前，绝不会夸奖自己。

犹太人告诫孩子们不可自大时，常引用《圣经·创世纪》做比喻：在《创世纪》中，神首先分开了光明和黑暗；再分割天空和地面；并将地面划分为水和陆；然后他开始创造生物；到了最后才创造人——亚当；因此，甚至连跳蚤都比人早到这个世界，所以人有什么了不起呢？就是在动物面前，也没有耀武扬威的资格。

犹太人教育孩子要谦虚，《塔木德》对谦虚有很严格的规定。它告诫人们说："即使是一个贤人，只要他炫耀自己的知识，他就不如

一个以无知为耻的愚者。"

此外，法典还对自大的危险提出了警告：

"金钱是自大的捷径，而自大是罪恶的捷径。"

1+1+1＞3

人与人只有彼此尊重和理解，各自发挥自己的长处，共同向着同一目标努力，才能产生 1+1+1 大于 3 的功能。如果互相都不信任，甚至相互攻击，相互推诿责任，那么 1+1+1 就小于 3。

犹太民族在其 5000 多年的发展历史中，有 2000 多年是过着颠沛流离的生活。在长期的流浪生涯中，每到一处，他们都十分注重与当地的居民合作，友好相处。因此，在孩子小时候，他们就教导孩子：为了更快地达成目标，必须懂得与人合作。

父母要通过学习情境以及日常生活，让孩子明白任何合作的有效性取决于选择合适的合作策略。例如要用最快速度完成家庭清洁工作，如果妈妈一个人做，要花 1 个多小时；如果爸爸、妈妈和儿子分工合作，则半个多小时就完成了。妈妈也可以同时提出几个合作分工方案，大家讨论，在讨论中教育孩子，让他明白分工的合理性和可行性，则合作的有效性也就越高。

卡耐基通过自己的成功经验发现了一个重要的规律：一个人的成功，15% 靠专业知识，85% 靠人际关系和处世技巧，而所谓处世技巧和人际关系就是学习合作。现在企业在招聘人员时特别强调：应聘人员要求具备有关的知识技能，爱岗敬业并具有团队精神。团队精神包含着诸如团结、合作、信任、诚实、奉献、敬业等很多道德品质的内容，其中主要的是善于合作。

在科技高度发展的 21 世纪，一个人的成功在某种意义上取决于他是否善于合作。父母要利用生活中、学习中、游戏中的有关情境，让孩子从具体事实中初步体会到：一个人再能干，也难以独自做完所有的事。有些事需要众多人的同心协力来做。人与人只有彼此尊重和理解，各自发挥自己的长处，共同向着同一目标努力，才能产生1+1+1 大于 3 的功能。如果互相都不信任，甚至相互攻击，相互推诿责任，那么 1+1+1 就小于 3。

帮助别人是对的，但是要以尊重对方为前提。在现实生活中，人们总是带着良好的愿望与人交往，但有时却达不到预期目的。究其原因，除了有些是双方缺乏真诚合作的意愿和有效的策略之外，还有一个很重要的原因就是在交往中人们缺乏认知的换位。人们在交往过程中经常需要站在对方的位置上，思考一下自己的言行对对方可能产生的影响和心理反应。例如，同情不等于施舍，当你同情人、帮助人的时候，特别要注意维护被帮助者的尊严。

让孩子懂得一个"合"字，也就是要培养孩子有与人合作的愿望。有一项调查显示，在六种儿童人格需要中，独生子女的亲和需要最强，孩子盼望能和同辈交往。有 20%左右的独生子女感到孤独，认为"孤单寂寞"是最大的苦恼。但儿童还有另一种人格倾向就是富有攻击性，这是儿童向外界证实自己的存在和自己的力量的一种方式，但直接的结果却使儿童在行为上表现出不懂交往、不会交往，甚至破坏交往的情形。这两种人格体现在一个孩子身上是一种矛盾的心态。

家庭成员相互尊重本身就是一种无声教育。如果家中每个人都能为别人着想，多付出些，互相帮助，孩子就会从父母的言行中学会关心别人，与人合作，与人共处，学会做人。

除了家庭，家长还可以从犹太人对孩子的培养中学到一些在其它环境下团队精神的养成方式：

首先，在学校日常生活中培养孩子的爱心和责任心，消除孩子孤僻的心理障碍。比如，在吃饭和睡觉时要让孩子互相帮助，值日时要负责任，对有困难的小朋友要有同情心并及时给予帮助。对于孤僻的儿童，首先要消除他与其他孩子的疏远感，使他真正参加到孩子们中间去，然后才有可能进一步培养其团队精神。

其次，在游戏中培养儿童的团队精神。游戏可以说是孩子的重要科目。游戏中父母和教师可以有意识地培养孩子团结协作，为了集体的荣誉而努力的精神。比如，将孩子分成几个小组，选择需要互助合作才能完成的游戏让孩子比赛，赛完后分析获胜和失败的原因，让孩子知道，只要服从集体利益，即使自己吃亏也是光荣的。

再次，树立孩子正确的竞争意识。在当今社会竞争日益激烈的形势下，对孩子进行教育时，适当让他树立争第一的意识，使每个小朋友用较高标准要求自己。但同时也要让孩子明白，在争第一的过程中要有正确的心态，要用正当的手段，各种教育活动对孩子起着潜移默化的影响。

未来的时代是一个需要团队精神的时代，所以，每位父母都应从小就注重培养孩子的团队精神。

永远不要嘲笑别人

嘲讽给孩子以一种控制他人或控制局面的快感，大多数孩子都承认他们嘲笑同伴主要是为了寻找乐趣。作为家长，要像犹太家长那样，教育孩子从小养成不嘲笑别人的好品质。

孩子喜欢嘲笑他人是有原因的。他们不再因为喜欢同一种颜色或同一首歌而交友，相反，他们喜欢与外表相似、行为也相似的孩子在一起。嘲笑他人能使这些孩子团结起来，孩子们也用嘲讽来表达他们的竞争意识。

在学校里，在运动与功课方面，孩子们经常要参加考试，以分出个上下，而嘲讽是显示自己占了上风的最简单方式。

孩子语言能力的增强也对嘲讽起了加速剂的作用，稍微大些的孩子不仅能够表达较为复杂的思想，而且还会把个人的价值观念附加到自己的观察上去。

一个幼童会天真地评论说另一个孩子超重了，而大些的孩子就会附加一个诸如"傻胖蛋"之类的外号。在这个例子中，这种附加是负面的，因为他们会说这个孩子笨手笨脚。

犹太家长在孩子小时候就教育他们，不要嘲笑别人。

美国第九届总统威廉·亨利·哈里逊出生在一个小镇上。他幼时怕羞而文静，被认为是一个小傻瓜。小镇上的人经常捉弄他，把一枚一角和一枚五分的硬币同时扔到他面前，让他任意捡一个，威廉总是捡那枚五分的硬币而引来大家的一阵嘲笑。一天，一位老妇人看到小威廉的样子很可怜，就把小威廉拽到一旁，问他："你难道不知道一角比五分值钱吗"威廉慢条斯理地说："我当然知道，不过，如果我捡了那个一角的硬币，他们恐怕就再没兴趣扔钱给我了。"

在这个故事中，嘲笑者反被嘲笑者嘲笑了，这大概不是嘲笑者的初衷；而嘲笑者并不知道自己才是被嘲笑者，这是深层次的悲哀。威廉后来成为总统，当初的嘲笑者会不会有人去献媚，说自己曾经"救济"过他呢？当然，这则小故事的流传，并不因为威廉是总统，只是依赖故事本身的幽默。

嘲讽给孩子以一种控制他人或控制局面的快感，大多数孩子都承认他们嘲笑同伴主要是为了寻找乐趣。作为家长，要像犹太家长那样，教育孩子从小养成不嘲笑别人的好品质。

乞丐衬衫里藏着珍珠

不要轻视穷人，他们的衬衫里面埋藏着智慧的珍珠。不要看不起穷人，因为有很多穷人是非常有学问的。

《塔木德》上说，对于境况不如自己的人，不要以貌取人，不要歧视他们，不要瞧不起他们。

一个对上帝虔诚的人继承了一笔财富。在安息日前夜，他就开始为安息日日落前的食物做充分的准备。有一次，由于在外面急着办事，他在安息日前必须暂时离开家一段时间。在回家的路上，一个穷人向他乞讨，用来买安息日所需食物。

这位虔诚的人生气地斥责穷人："你怎么能一直等到最后一刻才买你的安息日食物呢？没有人会像你这样做，你肯定是企图骗我的钱！"

他回到家后，把遇到穷人的事讲给妻子听。

"我不得不告诉你，是你错了，"他的妻子说，"在你的一生中，你从未体味过贫穷的滋味，对贫穷是什么没有概念。我是在穷苦人家长大的。我经常回忆过去，那时安息日快来了，天几乎全黑了，而我的父亲仍然为家人四处寻找，哪怕一点点干面包也行。你对那个穷人犯下了罪行！"

虔诚的人听到这一席话，赶紧到街上寻找那个乞丐。乞丐仍然在为安息日寻找食物。于是，这位富人给了穷人安息日所需的面包、肉、鱼，并请他原谅自己。

这是一则在犹太人中间流传很广的民间故事，它教导人们不要以貌取人，看不起穷人。

在一些犹太人的居住区里，每一个村子里或镇上，都会有一个或几个乞丐，他们被称为"修诺雷尔"。犹太人并不歧视这些乞丐，照犹太人的宗教习惯，乞丐也是一种正当职业，是获得了神的允许的，他们是人们施舍的对象。

犹太人素有重学和尊学的传统，对于所有犹太人的智慧，包括残疾人和乞丐，他们也同样表现出尊重。在犹太民族中，一些"修诺雷尔"是非常喜欢读书的，其中还有不少人通晓《塔木德》。除此以外，他们也是犹太教堂中的常客，经常以同仁的身份参加《犹太教则》和《塔木德》的讨论。

在犹太人的社会里，尽管富人和穷人的差距有时候是十分巨大的。但是，他们认为富人并不一定快乐，穷人也并不一定绝望。一直以来，犹太人是非常尊重穷人的，但是，他们坚持认为，即使一个靠别人施舍为生的穷人也应该有施善行为。这就是犹太人对于穷人的态度。

不嫌贫爱富，不以貌取人，并且把尊重穷人，对穷人进行施舍作为自己的义务，这是犹太人团结友爱的教子智慧之一。

犹太民族中流传着这样两句话："不要轻视穷人，他们的衬衫里面埋藏着智慧的珍珠。""不要看不起穷人，因为有很多穷人是非常有学问的。"我们可以从犹太人对待穷人的态度，看出他们的教子原则，那就是不以貌取人，任何人身上都有可取之处。

尽最大努力去帮助别人

人不自利，会变成寄生虫；但只自利，则会成为吸血鬼。完美的人生，是自利与利人的统一！

希望得到别人的关心和注意，是人的心理需要。当一个人感到周围的人对自己十分关心时，他心中便会有一种安全、温暖的感觉，就会充满自信和快乐。既然受了别人的关心，那么同样也会去关心别人。这样，人们互相间就容易有一种亲密友好的关系。

犹太拉比告诫世人：当别人有求于自己时，只要是正当的要求，就要尽己所能满足对方的要求；当看到别人有困难时，要主动地去帮助别人，这样能使别人懂得你的存在对他的价值，其结果必然是"爱人者人恒爱之"。

犹太父母告诫小孩子说：人不自利，会变成寄生虫；但只自利，则会成为吸血鬼。完美的人生，是自利与利人的统一！

弗莱明是一个穷苦的苏格兰农夫。有一天，当他在田地里工作时，听到附近泥沼里有人发出哭喊声，于是急忙跑过去，发现一个小孩子掉到了粪池里，于是他把这个小孩从死亡边缘救了出来。

第二天，一辆崭新的马车停在农夫家门前，一位绅士优雅地走出来，自我介绍是那个被救小孩的父亲。绅士诚恳地说："你救了我小孩的生命，我要报答你。"农夫说："我救你的小孩是为了自己的良心和对于生命的呵护，我不能因救你的小孩而接受报酬。"就在这时，农夫的儿子从茅屋里走出来，绅士说："让我们来个协议，让我带走他，并让他接受良好的教育。假如这小孩像他父亲一样，他将来一定会成为一位有用于社会的人。"

农夫答应了这个协议。后来农夫的小孩就读于圣玛利亚医学院，并以优异成绩毕业，成为举世闻名的弗莱明·亚历山大爵士，也就是盘尼西林的发明者，并因此荣获诺贝尔奖。

数年后，绅士的儿子不幸染上肺炎。此前，这是一种不治之症，无药可救，但是，有了盘尼西林，他就得救了。绅士是谁呢？是上议院议员丘吉尔。他的儿子是谁呢？就是英国政治家丘吉尔爵士。

真诚地关心他人要无私。生活中这类情况屡见不鲜：有些人，一开始接触给人印象不错，但时间长了，人们却逐渐对他敬而远之，疏远他；有的人刚刚相处，似乎很难交往，但时间一长，人们却越来越喜欢他了。

是什么原因造成这种局面呢？原因就在于他们的"人品"不同。前一种人尽管表面上待人很热情，实际上却是冲着回报去的。他帮助别人，目的是希望放长线钓大鱼，想从别人那里捞取更多的好处。后一种人正好相反，他帮助别人不露声色，施人勿念，并不要求什么回报；但别人对他的帮助，他却受施勿忘，时刻铭记在心，一定找机会报答才能安心。

真诚地关心别人还要尽可能避免给对方出难题。有些人只顾自己的需要，丝毫不考虑别人的难处，常向别人提出一些使人难以达到的要求，例如同学之间，考试时要求同学将考卷给他抄袭等。这样做只会使同学之间产生隔阂，造成关系紧张。

犹太父母告诉孩子们说：

为人处事之道就是要真诚地对待每一个人，发自内心地去关怀他们。

　　互利改善了世界的品质。犹太民族之所以具有强大的生命力，就是因为人们之间的互相帮助，这不仅给当事人带来了益处，也给世界带来了进步与温馨。

愚蠢的伙伴比敌人还危险

　　紧急的时候得到帮助是宝贵的，然而并不是人人都会给予合适的帮助。别交上愚蠢的朋友，因为殷勤过分的蠢材比任何敌人都要危险。

　　如果孩子失去了朋友，或者不被同伴接受，那么即使日后取得了很大成功，也会终生有一种不满足感和不完全感。

　　记得这个故事吧。有一个农夫跟蛇交上了朋友。农夫只夸赞它一个，并且永远把它捧到天上。然而，如今农夫的一切老朋友和亲戚，竟然没有一个上门来了。

　　"这是怎么回事呢？"农夫问他的一个昔日的朋友说，"请你告诉我，你们哪一个也不来看我，这是为什么呢？是我的老婆没有按照礼数款待你们呢，还是你们嫌弃我的食物粗劣呢？"

　　"不，"他的朋友回答，"问题不在这！我们很愿意和你在一起。你们夫妻两人，谁也没有得罪我们，没有人会这样埋怨你们的，我可以保证！可是，如果跟你一块儿坐着，老是提防着你的朋友蛇会爬过来从背后咬我们一口，那又有什么乐趣呢！"

　　农夫交上了蛇这个朋友，因此失去了其他的好朋友，即使这条蛇不会对其他的朋友造成危害，别人在与农夫交往时也是战战兢兢，这对农夫来说是得不偿失的。所以在鼓励孩子交朋友时，要妥善选择自己的择友范围，交对朋友。

　　犹太人非常重视人际关系对孩子性格发育的作用，他们认为孩子的性格发育和人际关系的总和是相等的。

孩子的人际关系首先开始于与父母的相处，同时也包括同龄人对他的影响。孩子到了7~8岁时，开始脱离父母的影响，越来越看重同学和朋友对他的喜欢、支持和赞成。尽管他们的感情食粮理所当然地要从父母身上汲取，但从朋友身上也能得到意外的精神与情感的源泉。

孩子的交友技能在儿童期过后就很难再学会了，它有些像学习游泳，对姗姗学步的幼儿来说极其容易，但如果在童年时代失去了机会，等到成年时再学就比较难了。当然，尽管孩提时代没有朋友并不注定成人后就会孤单，但应该承认，有些情商技能的发展是有时间性的，正常的时间一过去，一样的技能就会变得很难学会。所以要鼓励孩子们多交朋友，但择友时一定要慎重。

紧急的时候得到帮助是宝贵的，然而并不是人人都会给予合适的帮助。我们要引导孩子别交上愚蠢的朋友，因为殷勤过分的蠢材比任何敌人都要危险。

父母在帮助孩子学会交友时应该牢记一位犹太拉比的教诲：

拥有一个"好朋友"，是孩子成长过程中的重要任务，这会影响他日后的人际关系。

做孩子孝敬长者的楷模

帮老人做些家务，同老人共聚同乐，尽一份子女应尽的责任和义务。如此日长时久，孩子耳濡目染，潜移默化，也会逐步养成尊敬长辈，孝敬父母的好习惯。

尊重长者，是犹太人崇尚的美德。

根据调查，三代同堂的家庭，中间有一代孝敬长辈，孩子就会懂得孝敬父母和祖辈。在这样的家庭中不仅长幼有序，而且互相关心，互相宽容，呈现一种其乐融融的气氛，这对每个人的身心发展都是有利的。做家长的都深知这个道理，知道孝敬父母长辈是美德，因此每个为人父母者都希望自己的孩子长大成人后能够有孝心，然而在父母们教育孩子的时候，又往往忽略这方面的内容。

孝敬父母是每一个人必须做到的，它可以促使家庭和睦、温馨幸福。一个连自己父母都不关心、不孝敬的人，又怎能为他人、为自己的社会献爱心呢？

培养孩子的孝心，必须从小抓起。以下是犹太人培养孩子孝心的几条原则。

一、要明理

让孩子从小知道，孝心是一种美德，没有孝心的孩子不是好孩子，还要让孩子们知道怎样做才算是有孝心。让他们知道妈妈十月怀胎的艰辛，知道父母的养育之恩。为了明理，做父母的可以多给孩子讲些古今故事，让孩子通过形象去理解。

二、要建立合理的长幼有别的家庭关系

全体家庭成员之间首先是民主平等的，父母要尊重孩子的独立人格，尤其是在处理孩子自己的事情时，一定要充分听取他们的意见，尽可能按他们合理的意愿办事。同时，家庭又是一个整体，不能各自为政，总要有人当家"长"，来"领导"家庭，管理指导家庭全体成员的生活。父母是家庭生活的供养者，而且他们有丰富的生产经验，自然应当成为家庭的核心和主事人。孩子应当在父母的指导和帮助下生活、学习。

三、要让孩子了解父母为他和家庭所付出的辛苦

父母应当有意识地经常把自己在外工作和收入的情况告诉孩子，说得越具体越好，从而让孩子明白父母的钱得来不易。自然，孩子会逐渐珍惜自己的生活，也会从心底里产生对父母的感激和敬重。

四、父母要做出好样子

为人父母要对自己的孝心做一番反省，在自己身上求真，孝心的种子才会播撒到孩子心里去。

五、从小事入手教孩子孝敬父母

真正的孝心要通过实践去培养。平时，孩子应该分担家里的一些事情，让他们负起责任来。遇到为难的事情，把事情的前因后果讲给孩子听，让他们一起出主意、想办法。如果有长辈身体不舒服或生了病，告诉孩子应该做哪些事情，并付诸行动。久而久之，孝心便会在孩子的身上扎根。

六、要以身作则

父母本人要做孝敬长辈的楷模。孩子对待父母的态度，直接受父母对待长辈态度的影响。我们不仅要管好自己的小家庭，还要时刻不忘照顾年迈的父母亲，决不能添了儿子就忘了老子。如果说平时因居住地较远，工作较忙不能和老人朝夕相处，那么在休假日要尽量抽时间带上孩子去看望老人，帮老人做些家务，同老人共聚同乐，尽一份子女应尽的责任和义务。如此日长时久，孩子耳濡目染，潜移默化，也会逐步养成尊敬长辈，孝敬父母的好习惯。

以自己需要的方式对待别人

倘若你想人家怎样待你，你就应以那样的方式对待人家。

农场主汤普森的小店里有很多寄宿的人。苏珊的妈妈每周都给他们代洗衣物，报酬仅5美元。一个周六晚上，苏珊像往常一样去那儿替妈妈领钱，她在马厩里遇到了这位农场主。

显然他正处于气头上。那些总和他讨价还价的马贩子激怒了他，令他火冒三丈。他手里的钱包打开了，被钞票塞得鼓鼓的。当苏珊向他要钱时，他没有像从前那样训斥她打扰了正在忙碌的他，而是马上将一张钞票递给了她。

苏珊暗暗高兴自己这次比往常轻易地逃过了这一关，她急忙走出马厩。到了路上，她停下来，拿针将钱小心翼翼地别在围巾的褶皱里。

这时，她看到汤普森给了她两张钞票，而不是一张！她往四周望了望，发现附近没有人看到她。她的第一反应，是为得到了这笔飞来横财而兴奋不已。

"这全是我的了。"她心想，"我要买一件新的斗篷送给妈妈，妈妈就能把她那件旧的给玛丽姐姐了；这样，明年冬天玛丽就能同我一块儿去上学了；说不定还可以给弟弟汤姆买双新鞋呢。"

过了一会儿，她又认为这笔钱一定是汤普森在给她时拿错了，她没有权力使用它。正当她这样想时，一个充满诱惑的声音说："这是他给你的，你又怎么知道他不是想要把它作为礼物送给你呢？拿去吧，他绝对不会知道的。就算是他弄错了，他那大钱包里有那么多张钞票，他也绝不会注意到的。"

她一边往家走，一边进行着激烈的思想斗争。她一路上都在思考着是拿这笔钱买享受重要呢，还是诚实重要。

当她经过家门前那座小桥时，她想起到了妈妈平时的教诲："你想要人家怎样对你，你就得怎样对人家。"

苏珊猛地转过身，向回跑去。她跑得很快，快得让她差点连气都喘不过来了，仿佛是在逃离什么无形的危险。就这样，她径直跑回了农场主汤普森的店门口。

汤普森注视着眼前这个小女孩，他从口袋里取出 1 先令递给了苏珊。

"不，谢谢你，先生。"苏珊说，"我不能仅仅因为做了件正确的事就得到报酬。我唯一希望的是，你不要把我看成是一个不诚实的人，因为那对我来说的确是个巨大的诱惑。先生，如果你曾看到过自己最爱的人连寻常的生活用品都买不起的话，你就能知道，要时刻做到对待别人就像希望别人如何对待自己一样，这对我来说是多么的困难。"

《塔木德》上说：

倘若你想人家怎样待你，你就应以那样的方式对待人家。

们……带上我……一起走吧……"陀力卡拉听了，皱起眉头想了想，对这个人说："对不起得很，我们的船也已经满了，你还是再去另想办法吧。"劳伦司基却很大方，责备陀力卡拉说："陀力卡拉兄，你怎么这样小气，船上还很宽裕嘛，见死不救可不是君子所为，带上人家吧。"陀力卡拉见劳伦司基这样说，就不再坚持自己的意见，略微沉思片刻，答应了那人的请求。

陀力卡拉和劳伦司基的船平安地走了没几天，就碰上了盗贼。盗贼们划船追过来，眼看盗贼越追越近了，船上的人们都惊慌不已，不知该怎么办好，拼命地催促船家快些、再快些。劳伦司基也害怕得不行，他找陀力卡拉商量说："现在我们遇上盗贼，情况紧急，船上人多了没有办法跑得更快。不如我们让后上船的那个人下去吧，也好减轻船的重量。"陀力卡拉听了，严肃地回答道："开始的时候，我考虑良久，犹豫再三，就是怕人多了行船不便，弄不好会误事，所以才拒绝人家。可是现在既然已经答应了人家，怎么能够又出尔反尔，因为情况紧急就把人家甩掉吗？"劳伦司基听了这番话，面红耳赤，羞愧得说不出话来。在陀力卡拉的坚持下，他们还是像当初一样，携带着那个后上船的人，始终没有抛弃他。而他们的船也终于在大家的共同努力下，摆脱了盗贼，安全地到达了目的地。

劳伦司基表面上大方，实际上是在不涉及自己利益的情况下送人情。一旦与自己的利益发生矛盾，他就露出了极端自私、背信弃义的真面孔。而陀力卡拉则一诺千金，不轻易承诺，一旦承诺就一定要遵守。我们应该向陀力卡拉学习，守信用、讲道义，像劳伦司基那样的德行，是应该被人们所鄙弃的。

处在大千世界，有着太多随意许诺，却从不兑现的人。那种人较这种一诺千金的人似乎活得轻松。可惜，这种情景不会长久，一个人失信多了，他的诺言也就被当成戏言，大打折扣。人一沾上那种气味，做人的光彩就会大为逊色。

作为家长要像犹太家长那样，教育孩子注意自己的言行——说过

的话一定要兑现，这样的人才能有所作为。

感情用事是犯错误的开始

不要轻易地喜欢和憎恨一个人。感情用事是犯愚蠢错误的开始。而理性思考的人才是真正明智的人。

《塔木德》上说：

"思考时请感情离开，因为你需要的是理智。"

一个犹太孩子和他的姐姐争夺玩具，他的姐姐不给他，他于是哭了。他旁边的父母这样笑话他："笑是风力，哭是水力。"这句话是什么意思呢？是说笑就像风刮过去一样消失了，而哭就像水流过去一样没有了痕迹。那为什么他的父母不过去安慰他，而是笑话他呢？因为在他们的父母看来，小孩的哭泣是他自己一种不愉快的感情的宣泄。而感情的宣泄对小孩有什么好处呢？小孩子任意地宣泄自己的感情只是他不肯动脑筋想办法的一种没有能力的表现而已。犹太人是很不喜欢这样单纯的感情需求的，他们需要的是事情的圆满解决，而事情的解决只能依靠他动脑筋，想办法。

那么笑呢，也是一样的。没有根据的笑，和不解决问题的哭都是一种短暂的感情宣泄，都是没有多大意义的。犹太人始终认为，在任何时候运用理性的思考，想办法去解决摆在面前的问题，才是真正有用的。而遇到问题就感情用事，开始发怒、生气，是一件很没有意义、让人觉得可笑的事情。

用理性看待这个世界，绝不要盲目。这是犹太人的思维方式。他们认为，在这个世界上，充斥着无知的偏激、盲目的躁动和人们的愚昧。而理性摒弃了我们的愚昧和偏见，所以，人应该用理性去恢复这个世界的本来面目。

在他们看来，生活中有许多事情，是我们自己的盲目和冲动造成的。我们任意使用自己的感情才造成了对世界的惶恐、惧怕。没有比对自己和别人说谎话更加有害的了，犹太人为我们列举了生活中我们由于感情的冲动而造成的偏见，"我一点儿都不像自己的母亲"、"我忙得实在没有时间锻炼"、"我根本不需要治疗"、"我不想结婚"等等。再如，大家讨厌"恶"的行为，但是犹太人却说："恶的冲动有善吗？有。如果没有恶的冲动，相信就不会有人盖房子、娶太太，生孩子，或者拼命地赚钱了。"

"没有根据的憎恨，是最大的罪恶。"犹太人这样理智地告诉人们不要轻易地喜欢和憎恨一个人。犹太人从来就不喜欢感情用事，他们认为感情用事是犯愚蠢错误的开始。而理性思考的人才是真正明智的人。

强大从怀疑一切开始

人没有理由对什么事都确信无疑。怀疑一旦开始，疑点便越来越多，循着怀疑的线索去追寻答案，答案通常比较容易寻求。

犹太人是一个善于学习的民族，也是一个善于思考的民族，他们以一种冷峻的眼光看待这个社会和这个纷繁的世界，他们拒绝崇拜任何偶像，从不盲从大众的潮流，他们是用一种怀疑的眼光看待这个世界的。

犹太人喜欢提问，因为在他们看来，思考是求得智慧的开始。不会思考的人，也不会学习。思考让人明白为什么要去做一件事情，做这件事情有什么好处，他们所探求的是一件事情根本的原因，而不是那些浮在表面的东西。你如果抓住了这些最为根本的原因，就如同抓住了深水中的鱼，而抓住表面的东西，你抓住的不过是鱼吐出的水泡。

由于轻信和盲从，人们总是习惯于崇拜权威，相信他们的意见总是对的，用既定的眼光看待问题，追求大众的判断，这样就很难在自

己的事业上有所突破，因而，要有所成就也就很困难。

犹太人并不喜欢、也不愿意把他们的领袖视为偶像，就连犹太人最伟大的领导者摩西也不例外。

摩西带领犹太人逃离了埃及，摆脱了埃及的残酷统治，是犹太人历史上一位伟大的领导者。在犹太人心中，摩西有崇高的地位，但是也不把他视作偶像，也不视作绝对权威。他们不要偶像去安排自己的命运，他们崇尚的是一种独立的思考判断。

犹太人就是这样，他们怀疑一切东西，即使那些看起来十分神圣的东西，他们也决不会不问是非就相信它们，他们不相信任何貌似强大的东西，不会被它们所吓倒。在他们的眼里，任何偶像和崇拜都是错误的，那些偶像不过是一些吓唬人的东西，是不为他们所看重的。他们看中的是他们自己脑子里想的东西，自己认为正确的东西，而不是让那些奇怪的东西影响自己的判断。

对于犹太人的这种不跟从大众的潮流、怀疑一切的态度，犹太人心理学大师弗洛伊德是这样解释的：

"因为我拥有犹太人的两个天性——怀疑和思考，所以我发现自己没有受到偏见的影响，而其他的人在运用他们的智力的时候却受到了限制。作为一个犹太人，我随时都准备反对和拒绝附和'大多数人'的意见。"

他的这些话深刻地解释了为什么犹太人在许多领域都可以获得不同寻常的成就。他们总是以一种怀疑的眼光看待一切事情，因而他们从来不受社会的既定成见的影响，自由地发挥他们的才能和想像力。即使他们处于少数派的地步，也不愿意放弃自己的独立思考。因为对于成功而言，成功总是属于那些独立思考的少数人。

怀疑和提问是培养孩子创造性的最好方法。孩子的创造性就像种子一样，它需要一定的环境：包括土壤、气候、灌溉、施肥培养，才能发芽、生根、开花、结果。父母也要为培养孩子的创造性提供良好环境。

女孩之所以那样做，与父母的教育显然是分不开的。

说过的话就一定要兑现

一诺千金，看来只是一种作风，一种实在，一种牢靠，可它的内涵却涉及到对世界是否郑重。那种准则的含义已超出了本身，而带着光彩的人类理想、精神和正气就在其中。

一诺千金，看来只是一种作风，一种实在，一种牢靠，可它的内涵却涉及到对世界是否郑重。诚挚、严谨的人，做人做事自然磊落、落地生根，一言既出，驷马难追。那种准则的含义已超出了本身，而带着光彩的人类理想、精神和正气就在其中。

犹太人很早就意识到了这一点，他们常用"一诺千金"来形容一个人很讲信用，说话算数。在他们的学习和日常生活当中，也确实做到了无时无刻不信守诺言。而且他们还将这种优良品质灌输给孩子，告诉他们"君子一言，驷马难追"的道理。

犹太拉比常给学生讲下面这则故事。

从前，有一对好朋友陀力卡拉和劳伦司基。两个人都很有学识，德行也受到大家的称赞，分不出谁好一些，谁差一点。

有一年，洪水泛滥，淹没了许多村庄和大片的良田，百姓叫苦连天。陀力卡拉和劳伦司基的家乡也遭了灾，房子都被大水冲走了，盗贼也趁火打劫，四下作案，很不太平。无奈，陀力卡拉和劳伦司基只得和别的几个邻居一起坐了船去逃难。船上的人都到齐了，物品也装妥了，马上就要解缆离岸出发。这时候，远处忽然过来一个人，他背着包袱跑得气喘吁吁，大汗淋漓。这个人也顾不得擦汗，一边朝这边挥手一边扯开嗓子大叫道："先别开船，等等我，等等我呀！"这人好不容易跑到船跟前，上气不接下气地说："船都被人叫完了，没有人肯收留我，我远远看到这边还有一条……船，就跑过来……求求你犹太拉比赫塞拉说，要培养孩子的创造性，父母就要帮助孩子摆脱那些陈规陋习的束缚，培养孩子的独立思考能力，让孩子在此基础上自由发展。而提问和怀疑就是培养孩子独立思考能力的最好方法。提问和好的答案同样重要。问题提得出乎意料，答案也往往是深刻的。

没有好奇心的人，就不会发生怀疑，没有怀疑就没有思考，没有思考就没有答案。所以有领导才能的人其实就是知道如何怀疑的人。

人没有理由对什么事都确信无疑。怀疑一旦开始，疑点便越来越多，循着怀疑的线索去追寻答案，答案通常比较容易找到。

所有的疑惑和怀疑，都可通过行动予以中止；所以，无论多大的迷惑和怀疑，最后都要寻求答案予以解答。

古代拉比认为，培养孩子怀疑一切的习惯，就是顺应孩子对世界事物的好奇心，而好奇心是孩子探究世界求知事物的心理动因，满足了孩子的好奇心有助于对孩子想像力的培养。好奇心是创新的源泉，是孩子想像力的动力。

没有什么可以代替思考

孩子的知识越丰富，思维也就会越活跃，因为丰富的知识和经验可以使孩子产生广泛的联想，使思维灵活而敏捷。

思维能力是孩子智力活动的核心，也是智力结构的核心，因而思维能力是孩子成才最重要的智力因素。犹太人从孩子小时候就开始培养孩子的思维能力。

一个犹太小学生在认真做作业。这是一系列加、减、乘、除的四则应用计算题，难度相当大，特别那几个繁分数题，计算起来太繁杂。他额头上不知不觉渗出汗珠来了。正在这个时候，不知从什么地方来了一个微型机器人，手里提着火柴盒般的一台小箱子，一跳一蹦地来到小学生跟前，细声细气地冲他问："朋友，你在演算吗？""嗯，是……"小学生抬头看了看，立刻又低着头专心做作业了。他不愿分散注意力，爱理不理地嘟囔一声了事。

"你计算遇到困难了吗？""唔，有点儿……"小学生不想回答，可又回答了。"那么，"细声细气的声音紧接着响起来。"我给你带来一台计算机了。""做什么？"小学生的声音显然很不高兴。"没什么，我是来帮助你的。"细声细气的声音倒是很和气，仿佛在道歉似的。小学生还是怒气冲冲的："怎么帮助？帮助什么？……""这个你也知道，"细声细气的声音马上搭上话儿了，"你何必苦思苦索啊，按几下我带来的计算机就得了。它帮助你，一下子把所有的题目全都计算出来了，而且正确无误，速度快，很容易。"

余怒未息的小学生，粗着嗓门说："不用，我不用计算机！""你不要我帮助？"机器人很失望，说话声音也大了点儿。"不，不，"小学生摇摇头，"我不需要，一百个不需要！我需要的是'自力更生'！"后面四个字说得很响很清楚。机器人吃惊地说："你，你，你要自己发明创造一台新的计算机？……""嘻嘻！"小学生笑出声来。"计算机本来是人发明的，它作为人的工具、助手，人使用它，用它来工作，但它并不能代替人思考！你知道吗？"机器人细声细气的声音十分软弱无力，低声下气地说："那么，那么，那么计算机没有什么用处了？""人能思考，独立自主地思考一切。"小学生说着，指指自己的脑袋瓜，"我先要使用我自己的'计算机'，然后才能使用你带给我的计算机，不是吗？——不是你来帮助我，而是我来使用你！"

机器人被小学生揭去了罩在身上的神秘的面纱，恍然大悟地说："喔，原来如此！我和计算机都不过是按照人指定的程序动作办事，怪不得我只能是主人要我做什么，我就做什么，自己只能唯命是从！""哈哈，你明白这个道理就好。我相信依靠我自己不断地努力思考，是能把算术题全计算出来的，将来也能发明创造新的机器人和计算机的。"小学生放大了嗓门说话，但是很有礼貌地一字一顿地说："亲爱的机器人，再会吧！"

过多的帮助反而会让自己养成依赖的坏习惯和不良的惰性。

这位小学生虽小，却能懂得这个道理，知道自己思考，这很值得学习。

培养孩子的思维能力并不仅是教师的事情，家长也有很多事情可以做，几乎可以说是随时随地都可以做到。思维是一项高级的智力活动，它有一定的规律可循，在实际操作中，可以多加利用。

那么，究竟如何培养孩子的思维能力呢？犹太家长通常是这样做的：

一、让孩子处在问题情景之中

思维是从问题的提出开始的，接着便是一个问题的解决过程，所以说问题是思维的引子，经常面对问题，大脑就会积极活动。当孩子爱提各种各样问题的时候，家长要跟孩子一起讨论、解释这些问题，家长的积极主动对孩子影响很大。如果遇到自己也弄不懂的问题，可以通过请教他人、查阅资料、反复思考获得答案，这个过程最能提高孩子的思维能力。

二、利用想像打开思路

想像力是智力活动的翅膀，为思维的飞跃提供强劲的推动力。因此，要善于提出各种问题，让孩子通过猜想来打开思路。牛顿从树上掉苹果而产生想像，进而研究出万有引力定律。要孩子发挥想像并不难，关键在于家长随时随地的启发。比如，当看到自行车圆圆的轮子时，可以让孩子想像一下圆的轮子还可以用在什么上面。随便你提出什么需要想像的问题，孩子们的回答都可能千奇百怪，大大出乎你的预料，这个时候千万别嘲笑孩子的创意，打击他的积极性。

三、要有丰富的知识与经验

孩子的知识越丰富，思维也就会越活跃，因为丰富的知识和经验可以使孩子产生广泛的联想，使思维灵活而敏捷。著名的化学家门捷列夫，他因制定了元素周期表而对化学研究的发展起到无法替代的作用，但他不仅仅是懂化学，还对物理、气象等科学领域都有涉猎，才

能制定出元素周期表。

孩子的阅读能力有限，家长要给孩子多买一些动画书、卡片等，还可以和孩子一起读动脑筋的故事，如寓言故事、科普性读物等，常常拿出来和孩子一起讨论。

四、培养孩子独立思考的习惯

有的孩子遇到疑难问题，家长就迫不及待地把答案告诉孩子了。虽然当时解决了问题，但从长远来说，对发展孩子智力没有好处。因为家长经常这样做，孩子必然依赖家长的答案，而不会自己去寻找答案，不可能养成独立思考的习惯。高明的家长，面对孩子的问题，应告诉孩子寻找答案的方法。也就是启发孩子，一个问题应该怎样去想、去分析，怎样运用自己学过的知识和经验，怎样看书，怎样查参考资料等。当孩子自己得出答案时，他会充满成就感，思维能力提高而且产生新的动力。

五、讨论、设计解决问题的思路

在孩子的生活、学习中，在家庭生活中经常出现各种各样的问题需要解决。家长应引导孩子并与孩子一起共同讨论、设计解决问题的方案，并付诸实施。这个过程中，需要分析问题、归纳问题，需要推理，需要设想解决问题的方法与程序。这对于提高孩子的思维能力和解决实际问题的能力大有好处。

第 9 章

别抱怨，人生没有太晚的开始

——犹太人怎样教孩子学会生存

目标达不到，只因对自己手下留情！熬过最艰难的极限，之后是最美好的体验。对自己狠一点，离成功近一点。

把好酒装在普通坛子里

珍奇贵重的东西，有时候必须装在简陋普通的容器中，才能保存其价值。

在许多犹太人的学校里，都贴有一则标语：把好酒装在普通坛子里。这则标语来源于一个故事。

有一位相貌丑陋而头脑聪明的拉比去见罗马公主，公主当面奚落他说：

"在如此丑陋的人的脑袋里，怎么可能有了不起的智慧？"

拉比受到如此羞辱，不但没有恼怒，反而笑容满面地问公主：

"王宫里有没有酒？"

公主点了点头。

拉比又问：

"装在什么容器里？"

公主说装在坛子里。

拉比惊讶地说：

"贵为罗马帝国的公主，为何不以富丽堂皇的金器、银器盛酒，反而以粗陋的坛子装酒呢？"

公主觉得拉比的话很有道理，便令宫中佣人将那些金器拿来装酒，而用那些坛子去装水。结果时隔不久，酒变得淡而无味了。

皇帝知道酒变味后，勃然大怒，下令追查是谁干的。公主连忙坦白说，是她让佣人干的，原以为这样会更好，没想到反而把事情弄糟了。

公主想到这是拉比唆使她干的，就去找拉比算账。

"拉比，你为什么让我这样做呢？"

拉比微微一笑，温和地说：

"我只是要让你明白，珍奇贵重的东西，有时候必须装在简陋普通的容器中，才能保存其价值。"

公主恍然大悟，从此以后再也不敢小看这位丑陋的拉比了。

尊重别人，不以貌取人，这是犹太人最重要的处世之道之一。

按自己的意愿去读书

让孩子不要对书籍望而生畏，让孩子随着自己的意愿去读书，这就是读书最为重要的原则。只有这样，读书才能给孩子的日常生活带来无穷的喜悦。

犹太人家教中，有一个极为有意思的经验。他们引导孩子自由阅读，这就填补了他们学习时间中的一个空白。

在犹太父母看来，孩子的阅读方式并不重要。幼儿杂志、少儿杂志也能够成为孩子的主要读物，也能为孩子提供一个良好的学习习惯，尽管它们不具有小说一样的"实质性内容"。

能够让孩子轻松阅读的书籍有童话故事，探险之类的小说。这些书可能让孩子着迷。不过这些书仍旧需要父母来分析和判断。

以色列社会心理学家科治博士提出了孩子阅读的六种方法，这既可倍增孩子的学习能力，也能让孩子养成阅读习惯。这六种方法是：

不要让孩子长时间对着书本，每日温习一段时间，只要持之以恒，比长时间苦读更加有效。

吃饱后不要让孩子阅读，因为饭后血液会流向胃部帮助消化，脑部的血液便相对减少，如果此时勉强阅读，会让孩子头昏脑涨。

寻找孩子的"生物钟"，有些孩子早上特别精神，有的孩子晚上才能够集中精力，父母要帮助孩子选择这段时间全力学习。

孩子阅读时，不要靠近喧哗的地方，不要边听音乐边阅读，尽可能找一个宁静的地方阅读，不然就会心有杂念，学习起来事倍功半。

孩子学习新课题时，尽量用自己的文字演绎里面的知识或理论，先别理会一些专有名词，到完全理解和熟悉之后，再背熟这些名词。

尽量让孩子一次学习或是温习一个课题，例如要背熟一首诗，最好是全篇背诵，避免逐句逐段去记。

· 生活中有很多不会读书的人，这种人虽然有求知的欲望，却不能随心所欲地阅读，因为他们不了解读书的诀窍。一般不会读书的人，他们手中有一本书时，总是从第一页的第一行，一个字一个字地读下去。然而，有些书籍的前几页或者是前面的一部分，大多是枯燥乏味的，因此，这种阅读总是让人大失所望。

父母可以这样来辅导孩子阅读：

如果一本书的前几页不能让孩子感兴趣，就不要让孩子去从头到尾地阅读。因为阅读完全是因孩子自己内心有所企求才读的，即使这本书是自己所喜欢的，也未必从头到尾都合乎孩子的要求。当然有些必读书除外。

有些有深度的文章或者诗，必须要求孩子一字一句地去阅读。

讨论一个问题或是某篇评论类的文章，如果孩子没有兴趣，就不要让孩子硬着头皮逐字逐句去读。有些书籍厚达几百页，可真正所要说的东西只占几十页，如果读二三十页就可以了解作者的论点，就不需要去阅读那些冗长无味的叙述了。

有些书籍，只需要孩子阅读序言就可以了解该书的主题和作者的态度，那么就不必阅读全文。

有些书籍可以先浏览目录，选择有趣的部分来读。

真正的读书，并非按部就班地读那些铅字，而是把握自己所需要的部分，跳过自己所不需要的部分。不要让孩子认为"读书就得记忆，若不记忆，不能算是读书"，这种念头会让孩子视读书为畏途。凡是孩子专心阅读的书籍，即使未能记住，也能让孩子在精神上得到有益的汲取。对于读书感到索然无味的孩子，往往是未能找到他自己所需要的书，或者说是盲目地听从了社会的批评或是相信了书店的广告。

让孩子不要对书籍望而生畏，让孩子随着自己的意愿去读书，这就是读书最为重要的原则。只有这样，读书才能给孩子的日常生活带来无穷的喜悦。

给孩子制定一个劳动时间表

家务的真正目的以及完成每一件家务所需要的时间，应该适合孩子的年龄，要留给孩子充分的自由度。如果事情太多，要想圆满地让孩子做好是非常困难的。

在犹太家庭中，每个孩子都要从事力所能及的劳动。通常，一个学龄儿童所做的事包括：

把玩具从房间地板上捡起来，整理桌子，倒垃圾，给家庭中的宠物喂食等等。这些都是孩子可以做到的。作为父母，他们是怎样来为孩子安排这些工作的呢？

很多教育学家都建议家长与孩子共同制定一个时间表。父母先与孩子提出自己最为民主的意见，把内容确定下来。内容是不同的时间孩子所要完成的不同的家务，而且还是必须按时间完成的任务。

制定这个表要相当的精确，既包括完成任务的天数，又包括准确的时间。然后贴在墙上，或者贴在一个大家都看得见的地方。你可以留白一些空格，这样孩子每完成一项工作就可以做个记号。有了这样一个最为有效的家庭工作计划表，就可以让孩子工作得有次序并持之以恒。

家务的真正目的以及完成每一件家务所需要的时间，应该适合孩子的年龄，要留给孩子充分的自由度。如果事情太多，要想圆满地让孩子做好是非常困难的。如果让孩子做得太少也是不合适的，因为劳动不会对孩子形成什么影响。

给孩子安排家务事，最为理想的是，在计划书中应该有一两项内容是孩子必须完成的，父母中任何一位在场时都可以对孩子的劳动进

行监督。

给孩子安排家务劳动，其目的是为了让孩子获得锻炼，通过劳动获得对生活的理解。

永远不为孩子代劳

在孩子劳动过程中，父母不要为孩子代劳。父母代劳会增长孩子的惰性。

犹太拉比朱丹拉说：勤劳工作与学习《律法书》一样会收到相同的效果，因为辛勤工作和学习都会把邪念逐出头脑。

如果父母与孩子一同做家务，不但可以培养亲情，还可以与孩子在劳动之中进行交流，让情感的纽带更加牢固。

家长在给孩子安排家务时，要尽量安排孩子能独立完成的工作或一两件家长与孩子共同来完成的工作。

在给孩子安排家务事之前，要征求孩子意见。让孩子做愿意做的事。只要有可能，就对孩子的主动精神给予鼓励与夸奖。

如果你的孩子想做某件事，而你认为这件事超出了孩子的能力，你可以把这件事分成几部分，然后让孩子去完成其中某一部分。当孩子在劳动中的能力增强时，可以把这件事完整地交给孩子做。

在孩子劳动过程中，父母不要为孩子代劳。父母代劳会增长孩子的惰性。比如，如果孩子没有将垃圾袋子倒掉，那就让垃圾袋子呆在垃圾筐中好了，直到孩子把这些垃圾收拾干净。

犹太拉比朱丹拉还说：

那些艺术工匠们，他们白天黑夜地雕刻那些宝石，小心翼翼地设计图样。他们通宵达旦创作出栩栩如生的雕像。这就是劳动。正是劳动创造了这个世界，让这个世界变得如此美丽。

众所周知，劳动可以分为脑力劳动与体力劳动，这两者是相互促进的。那么，如何让孩子在进行劳动训练的同时得到脑力训练，怎样让孩子成为一个全面发展的人呢？

这是许多父母面临的问题。在生活中有不少这样的孩子，他们什么都不怕，就是怕上学——这就是厌学，这就是没有让孩子养成脑力劳动的习惯。

造成孩子厌学的原因很多，其中最主要的原因是家庭原因。一个家庭如果没有给孩子提供一个能充分发挥潜能的环境，孩子爱学习是不可能的。

改变孩子厌学情绪的方法很多，比较常用的是培养孩子的兴趣。在肯定孩子的优势、优点的基础上，要充分鼓励孩子发挥自己的优点、长处，突出优势，通过培养孩子的兴趣，使孩子看到自己的能力，进而树立学习的信心。

孩子有了强烈的学习兴趣，他才会主动、持久地进行学习。

兴趣是求知的动力，而且是发展孩子求知欲的基础。求知是一个复杂的心理过程，需要敏锐的观察、感知、丰富的想象能力与灵活和牢固的记忆能力，还需要坚韧的毅力等，这些都是需要从劳动中得到培养与发展的。

天才是个值得警惕的词语

鼓励孩子们能够长期保持感兴趣的早期活动和爱好，以便使它们能够成为孩子将来职业选择的基础。

天才的孩子兴趣广泛，对很多领域中的知识都有着无穷无尽、无止无终的追求欲望。

一位叫丹拉姆的天才孩子说：我并不聪明，也不伟大，我只是内心有一股熊熊燃烧的渴望学习的烈火。

一位教育学家问一位小天才喜欢学校里的什么，这位只有四五岁

的孩子给出的答案就是：

"我喜欢学习！"

天才儿童总是精力十分充沛的，他们有着强烈的求知欲望，他们对什么事情总是要弄个水落石出。只要有时间、有机会，他们就会学习各个领域中的课程。当然，他们也会阅读自己所能接触到的任何读物。

由于这样的孩子对他们所感兴趣的任何事物都能驾轻就熟、得心应手，长大后他们也就很难将注意力集中在某一个领域。因此他们中的许多人拥有两份职业，他们靠其中的一份职业来赚钱，靠另外一份职业来增加自己人生的乐趣。这样一群人：他们既是医生又是作家，既是教师也是专业艺术家，既是企业家又是教师，等等。

兴趣广泛是天才的一个宝贵特征，它能够帮助天才孩子理解与应对多种多样的知识。出于某些实际的考虑，父母要谨慎对待这种现象。它很容易导致天才孩子们对许多感兴趣的活动蜻蜓点水、浅尝辄止。因此父母在对天才孩子的广泛兴趣持鼓励态度的同时，也要帮助他们专注于某一个或某两个能够成为他们终生事业的特定领域。

达到这一目的的最佳方式，就是鼓励孩子们能够长期保持感兴趣的早期活动和爱好，以便使它们能够成为孩子将来职业选择的基础。作为父母，如果发现孩子在某一特定学科很早表现出爱好的倾向，这种早期选择具有同样重要的价值。

许多著名人士的职业，就是以儿童时期的兴趣为基础的。还是个四岁小孩的贝多芬，就已经完成了四部奏鸣曲；毕加索儿童时期就表现出绘画的天才，他的父亲放弃自己的事业促进儿子绘画的进一步发展；爱迪生七岁那年，他那难以满足的好奇心让教师大发雷霆。他的母亲把他带离学校，自己在家里辅导。他的好奇心得到极大的发展空间，最终成为世界最著名的发明家。

正如犹太教育家所说，父母是孩子的摇篮，如何让孩子在这个摇篮中得到发展与认可是极为重要的。

游戏中去发现孩子的才能

父母有责任让孩子接触各种各样的事物，也有责任让孩子接触各种各样的活动，在活动中发现孩子的才能。

父母有责任让孩子接触各种各样的事物，也有责任让孩子接触各种各样的活动，在活动中发现孩子的才能，一个最简单也最有趣的办法就是：让孩子参与大量的家庭游戏。

在犹太家庭中，许多受欢迎的游戏都可以吸引大人和孩子一起参加。大家都能从中享受到乐趣。

比如：

用动作表演的字谜游戏，可以为具有审美能力的"演员"提供机会。

那些擅长于战略管理的人才，可以从"跳棋"、"战舰"或者是"智多星"等古老游戏中寻找成功。

语言天才总是能够从"拼字游戏"和"大狂欢"等游戏中享受乐趣。

对于那些喜欢靠运气来获胜的人，他们可以玩"多米诺骨牌"或者是"侵略者"等游戏。

当然，这里所列举的一些简单的游戏只是其中的一部分，游戏的目的是要让孩子参与到游戏中去，并从游戏中受益，即使是在并非孩子所擅长的领域，胜利的机会也是存在的。

随着多媒体的全面发展，孩子的游戏从双手发展到了双眼的高度灵巧，有的需要战略策划或纯粹的智力，但目的是一致的：

让孩子在游戏中体验各种各样的感受，并在参与中增加自信。

给孩子自由的空间

不要把孩子限制在你的知识范围内，因为他诞生于另一个时代。

一位犹太人是这样描述如何抚育孩子的：

一个温暖的夏日，上天将一份珍贵的礼物——一个婴儿交到她手边。

那礼物看起来如此柔弱，让她激动，战栗不已。这是上天不同寻常的馈赠——这礼物终有一天会属于整个尘世，而在此之前，上天启谕她要细心照管和保护。母亲说自己明白了，然后就虔敬地把礼物带回家中。她决心遵守对上天的承诺。

最初，母亲密切关注，无比眷顾呵护，使他远离任何险境。她看着他从自己营造的隐秘天地中探头探脑，心中惶惑不安。但她开始认识到不能永远把它置于自己羽翼之下。若要茁壮成长，必须经受艰苦的环境。于是她谨慎地给他更多的空间，使之恣意自由地生长。

静夜之时，母亲躺在床上，有时会自感信心不足，会问自己有无能力负荷如此令人敬畏的抚育重任。这时神灵会在她耳畔低语，向她保证上天知道她做得很好，于是母亲就安然入眠。

时光流逝，母亲渐渐相安于她的责任。那件礼物使她的生命如此丰盈，以至于在此之前的生命历程不堪回首，以至于没有了如此馈赠，生命的后半段将难以为继，难以想象。她差一点就把与上天的约定置之脑后。

有这么一天，母亲意识到那礼物发生了变化——不再柔弱，变得强壮、坚定、生气勃勃。一月月地，她看着他越来越有力量。于是母亲忆起她的约定，她从心底知道她与礼物在一起的时间已不多了。

那一天终于不可避免地到来。神仙们下凡来取走礼物，因为他已长大成人，要在天地间闯荡一番。母亲心内怅惘，因为他不能与她的生命相与长存。她深深感谢上苍的恩典，让她多年与如此心爱的礼物朝夕相伴。她挺起双肩，自豪地站起来，心想这真是一件非常特殊的礼物——他——她的爱子——会给这尘世、这众生增添美好与真义。于是母亲放飞了她的孩子，让他自由地飞翔。

故事中的母亲，用不同方式的爱，兑现了自己的责任和使命。这正印证了一位犹太法学博士的那句格言：

不要把孩子限制在你的知识范围内，因为他诞生于另一个时代。

懂得太多就会成为障碍

父母不要过于骄傲自大，要勇于听取学校有关人员的建议。父母的态度可能会成为孩子失败的重要因素。

《圣经》中说：

没有展示出来的智慧，如同埋藏在地下的宝物——两者都是没有用处的。然而，一个懂得掩藏自己愚笨的人，要比一个不愿意展示自己智慧的人更具有智慧。

犹太智者说：对于天才孩子来说，尤其是对年龄还小的孩子来说，最为严重的问题是——相对于他们的年龄来说，他们懂得的事情太多了。

在学校中，别的孩子才刚刚开始学习阅读，学做数学运算，而天才孩子已经越过了这一阶段。教师正打算向同学们介绍一本关于"太空漫游"的书，这位同学却已经不需要读这本书了，他比书上了解的还要多……

事实表明，孩子懂得太多会成为他们发展的障碍，其最初的表现形式是厌烦，最终的结果是被班上同学和教师所讨厌。在这样一个环境之中，在这样一个不友好的世界之中，懂得太多确实是没有好处的。

作为孩子的父母，有必要去为孩子赢得一个空间，孩子懂得太多并不是一件坏事，只是我们要用正确的方式来对孩子加以引导，让他们少吃苦头。

如果你家中有一位这样的天才孩子，不妨可以这样试试：

1.勇于承认这一事实。学校的课程对孩子的能力不具有挑战性，

孩子是真正地厌烦了。

2. 尽量把孩子安置在适宜的学习小组、班级或学校中就读。

3. 与教师谈论这些问题。如果能找个善解人意、愿意接受挑战、尽力帮助孩子发现一个更好的教学计划的人，那将是非常幸运的。

4. 尽快为孩子制定一套教育方案，越早越好，应赶在教育进程之前，以便你能够在进行调整时主动掌握。

5. 如果校方不予合作，尽力帮助孩子理解其中的这一困难。与孩子认真讨论这一问题，向孩子解释服从学校基本规则这一重要性。同时，坦白地向孩子表明你的支持态度，为孩子提供校外的机会，以便孩子能发展兴趣，多接触志同道合的朋友。

6. 不要给孩子讲授与学校用书基本相同的内容。让孩子阅读各种各样的书籍，多利用公共图书馆。适合于孩子阅读的书是最富有诱惑力的，这些书本身就是艺术的杰作。

7. 对年龄较大一点的孩子，父母教给他一些礼议是有必要的，对他们也会有莫大的帮助。让他们理解在课堂上当众指出教师错误而让教师难堪，是很不礼貌的。

8. 作为父母，你可能没有办法减轻孩子对学校的厌烦，但是你能够向他解释生活中实际的情况，从而帮助孩子应对生活。

9. 让孩子们尽早懂得，只有当我们知道怎样应对玫瑰上的刺时，生活才是一个开满了玫瑰的花园。

10. 帮助孩子找到生活中的动力、方向。当孩子们明确他们的目标以后，他们愿意从事繁重、琐碎乏味的工作。

11. 与学校里适当的机构谈论孩子的特长与天赋。最为重要的是，一定要支持孩子，不要让他蒙受学校管理人员的盛怒。因为学校管理人员是不会同情孩子们的事的。

12. 父母不要过于骄傲自大，要勇于听取学校有关人员的建议。父母的态度可能会成为孩子失败的重要因素。

第 10 章

拆掉思维的墙，打造最强大脑

——犹太人如何教孩子发展智力

成大事者不纠结，大脑常在"青春期"，人生少走许多弯路。以聪明人的思维方式用脑，你的大脑就会越来越灵活，潜能将得到充分挖掘。

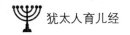

训练眼睛是开发智力的第一步

婴儿稚嫩的眼睛对颜色极为敏感，有效地训练孩子的眼睛，是开发孩子智力的第一步。

犹太教育家利维坦的独生子是一名"天才"，在谈到他的育儿经时，他说：

"婴儿稚嫩的眼睛对颜色极为敏感，有效地训练孩子的眼睛，是开发孩子智力的第一步。我第一次抱起我的儿子时，我发现他没有看我，而是很费力地向侧面看，我感到非常奇怪，我顺着他的目光看过去，才发现他看的是我们刚买的婴儿车，是彩色的，我才明白孩子对颜色的敏感。从此以后，我提醒太太，让孩子首先认识色彩。我们让他首先看那些彩色的物品，如气球、布娃娃、闹钟。我们还引导他看电视画面，经常抱他出去接触大自然，接触五颜六色的大千世界。我们给他喂奶的奶瓶有很多种颜色，每一次喂奶用的奶瓶的颜色也不同。我们发现了一个非常有趣的现象：儿子还偏爱某种颜色，当用他喜欢颜色的奶瓶喂奶时，他总是表现出很快乐的样子，他会用两只小手紧紧地抓住奶瓶，而且食欲也特别好，因此我们就经常用他喜欢的奶瓶给他喂奶。我们还为他买来各种颜色的小铃铛，用细绳子拴在他的手腕上，随着手的运动而产生声音，孩子又表现出很高兴的样子。为了让孩子分辨这些颜色，我们每周给他换一种颜色的小铃铛，并反复告诉他这种颜色。后来，他伸手试图抓这些铃铛，于是，我们帮他拿到这些铃铛。通过这种方式，在不长的时间里，他记住了各种颜色。孩子稍大一点儿，我们买来画报、助学卡片等给他看，现在，我开始盼望他能学到些什么，想让这些色彩进入他的心灵，开发他的智力。儿子最初只是注意物品的颜色，渐渐地，他开始懂得些什么，我们非常高兴，逐渐加大了图片的难度，我发现，他的进步非常快。我的儿子就是这样一点点进入这个世界，并与这个世界进行交流。通过眼睛，这个世界在他的心目中一点一点丰富起来。这种教育方式最为直观，最有效。"

犹太家庭的孩子是幸福的。作为孩子的启蒙教师，他们的父母总是能为自己的孩子挑选一些五彩缤纷的小球或者小积木，这些都是孩子们喜爱的玩具。通过这些玩具，就能加速发展孩子的色彩感。

为了发展孩子对色彩的感觉，很多妈妈还会为孩子买来检查色盲所用的"检测色系"作为孩子的玩具。用这种玩具可以让孩子玩各种游戏，从而提高孩子尤其是男孩的颜色感觉。因为男孩与女孩相比，触觉灵敏而色感迟钝。所以如果不从小培养男孩对于颜色的感觉，那么他们成人后的色彩感将会非常迟钝。

犹太民族的每一个家庭，总会为他们的孩子准备一盒蜡笔，这包蜡笔便是孩子们获得色彩感的最好工具。他们的家长既可以用它教会孩子认识颜色，还可以教孩子绘画，加深父母与孩子的感情，促进孩子智力的发展。

每个人都是你的教师

没有哪一个环境是所谓的好环境，也没有哪一个人是唯一的所谓好教师，只有不断变化的环境才是你最好的环境，也只有不断地向不同的人学习才是你最好的教师。

成功的方法不能复制，不同的人有不同的发展环境和机遇，但绝大多数真正的成功者都有共同的特点——善于寻找生活中的榜样，学习和借鉴他们的经验。一位犹太拉比如是说。

杰弗逊 17 岁时就开始到大学学习，且学习成绩非常优秀，特别是在历史和语言方面。此外，他对农艺、数学和建筑学等也有浓厚的兴趣。后来他自行设计的蒙蒂塞洛宅邸，既具有传统的古典式建筑风格，又有自己独特的特点，堪称为当时美国第一流的建筑，至今仍是美国最值得赞赏的乡间府第之一。

杰弗逊出身贵族，他的父亲是军中的上将，母亲也是名门之后。当时的贵族除了发号施令以外，几乎不与平民百姓交往。但杰弗逊没有秉承贵族阶层的恶习，而是主动与各阶层人士交往。他的朋友中当然不乏社会名流，可更多的是普普通通的仆人、园丁、农民或者贫穷的手工业者。他的优点便是善于从各种人身上学习，因为他知道每一个人都有自己的长处，都有金子般发亮的东西。

杰弗逊仪表堂堂，谈吐生动，富于朝气，喜爱社交。他善于演奏小提琴，常有机会在总督府与一些比他年长很多的社会名流一同演奏古典乐曲。杰弗逊跻身于这些名流之中，经常同他们交谈，获益匪浅。

有一次，他还劝说法国伟人拉法叶特："你必须像我一样到普通民众家去走一走，尝一尝他们吃的面包，看一看他们的菜碗。只有你亲自这样做了，你才会了解到民众不满的原因，并会懂得正在酝酿的法国大革命的意义了。"

不耻下问，善于学习是杰弗逊的过人之处，他也因此比其他的领导者更清楚民众到底在想什么，到底最需要什么，这也是他成为一代伟人的原因所在。

不论是做学问，还是做人，都要善于向每个有专长的人学习，向含有真知灼见的任何一本书、任何一种见解学习。那种"我比我周围的人都聪明，因此我完全不用理会别人说什么"的想法是错误的。学习是一个非常广泛、综合的内容，每个人都有自己的优点与弱点，你可以向每一个人学到很多东西，要看到每个人的长处、取人之长补己之短。

林肯是美国人心目中最有威望的总统。说起林肯，谁都知道他的父亲是一个庸碌无为而且目不识丁的木匠，他的母亲也是平庸的家庭主妇。那么林肯怎么会有那么卓越的领导和管理才能呢？人们一定会认为林肯受过良好的教育和训练。事实并非如此，不少美国人都知道，林肯所受的教育是极不完整和正规的，他一生中只上过几天的学校而已。在他被选为国会议员后，自己也曾对众人承认过这一点。那么谁是林肯的教师呢？答案就是在肯塔基州森林地带数位巡游的村儒学究，是他们在无意中帮助了林肯。

林肯的教师还包括伊里诺州第八司法区的许多人。他曾每天和许多农夫、律师、商人商讨着国家大事和世界上发生的事情，从他们身上学习许多知识和道理。林肯成功的秘诀就是：每个人都可以做自己的教师。

犹太父母教育孩子说，教师和同学，乃至周围的每一个人都可能成为请教的对象，对青年人而言，其实没有哪一个环境是所谓的好环境，也没有哪一个人是唯一的所谓好教师。只有不断变化的环境才是你最好的环境，也只有不断地向不同的人学习才是你最好的教师。

智慧重于门第出身

物质财富随时都可能失去，但知识和智慧永远在自己脑袋里，只要你拥有知识和智慧，就不怕没有财富。

有一艘船在海上航行，船上坐着多位腰缠万贯的大富翁和一位穷困潦倒的拉比。在聊天中，富翁们情不自禁地炫耀起自己的巨额财富，互相争执得不可开交。这时，贫穷的拉比说出了自己的意见："要论财富？还是我最富有，只是现在我还无法证明这一点。"

冥冥之中果真有上帝在做安排，航行途中，一群海盗无情地打劫了这艘船，富翁们引以自豪的财富被洗劫一空，每个人都成了身无分文的穷光蛋。海盗离去之后，这艘船因为缺乏继续航行的资金而不得不停泊在一个港口。船上的乘客都下了船，自谋生路。这位拉比因为拥有智慧而被人们所器重，被当地的居民请去当了教师，在他们的眼里只有高尚的人才能从事这一职业。而那些昔日与拉比同行互相攀比的富翁却朝不保夕，艰难度日。

后来，富翁们由衷地告诉拉比说："还是你说的话对，拥有财富的人会一时之间失去一切，而一个有学问的人会永远富有。你拥有智慧就等于拥有了一切。"

犹太父母经常给孩子讲这个故事说明智慧的重要性。他们非常重视学问，但与智慧相比，他们认为学问也略低一筹。他们把仅有知识而没智慧的人，比喻成"背着很多书本的驴子"。在犹太人看来，这种人即使有一肚子知识，也丝毫派不上用场。还有，知识必须为善，如果用知识做坏事，知识反而有害了。为此，犹太人认为，知识是为磨练智慧而存在的。假如只是单纯地收集很多知识而不消化，就同堆积许多书本而不用一样。

犹太人只重视个人的智慧力量，而不看重出身门第的高低。出身贵族，或出身富贵的人，并不一定都有学问。因此犹太人当中，穷人遇到富豪子弟时不会自卑，更不会觉得有什么可怕，但是无论是穷人还是富人遇到有知识的人时，都会对他们非常敬重，这是因为犹太人只重个人的智慧和才华，而不会看他的家庭出身。

有这样一则犹太故事：以色列某贵人有两个儿子。一个追求财富，一个研究学问。后来，一个成了大富翁，一个成为当代的博士。这富贵腾达的儿子很瞧不起他那有学问的兄弟。他说："我富可敌国，你却依然一无所有。"那博士回答说："兄弟！我当感谢至尊至贵的上帝，给了我这样大的恩惠。因为，我得到的是先知的遗产——智慧。"

犹太人经常对孩子说，我们不能选择家庭出身，也没有必要重新选择，因为那不重要，不能代表我们的实力。应该做的事情是努力学习，掌握知识，并最终变为自己的智慧。

事实上，很多著名的犹太人出身都很卑微，如石工、木匠或牧羊人等，比如希勒尔是木匠，亚基巴是牧羊人。他们之所以能够成为犹太人中的杰出人物，就是因为他们自身具有超强的能力，民族中"智慧重于门第出身"的观念为他们的脱颖而出，提供了一个大环境。

看重个人智慧，而不重门第出身。这一观念体现在人际交往中。犹太民族在日常生活中很少有门第观念。在人与人的交往中，犹太人很少有趋炎附势之举，出身高贵的人也难以依靠出身攫取社会地位，或者取得其他什么优势，人们都是依靠智慧和勤劳获得个人地位。"个人智慧重于门第出身"是犹太人处世的重要理念，它激励了许多出身低贱的人去积极进取，也体现了社会公平竞争的原则。

犹太人没有家园，居无定所，四处流浪。他们所到之处，唯一的支撑就是自己头脑中的知识。他们用知识创造财富，自己争得一条求生道路，一方生存发展空间。

物质财富随时都可能失去，但知识和智慧永远在自己脑袋里，只要你拥有知识和智慧，就不怕没有财富。这正是犹太人流浪数千年依然生生不息的原因所在。

外语学习越早越好

为了在生意场上更深一步了解对手，达到知己知彼的目的，犹太人特别强调用外语思考。秉持着这个想法，他们在对孩子进行早期教育时，很注意孩子的语言能力。

随着社会的进步，科学技术的不断更新，人类生产力的高度发展，国与国之间的交往不断深入，人类对信息量的需求在不断加强。这种发展和变化将引发世界范围内人们的接触和流动加强，使地球变得越来越小。然而，使不同民族和国家的人们进行相互交往、相互接触成为可能的首要条件，便是语言。

犹太商人被认为是掌握语言的天才，他们普遍懂得两门以上的语言，在与外国人打交道时显得自信、从容而又反应准确。为了在生意场上更深一步了解对手，达到知己知彼的目的，犹太人特别强调用外语思考。秉持着这个想法，他们在对孩子进行早期教育时，很注意孩

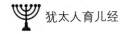

子的语言能力。

其实学好外语不仅是犹太人的要求，也是世界上许多有识之士对孩子教育的共识。

现代生理心理学、脑科学研究表明，0到6岁不仅是儿童学习母语的关键期，更是儿童学习第二语言的最佳时期。如果过了这个最佳时期，那么学习第二语言就要相对困难得多。赖特和拉姆齐等人对接触第二语言的6岁组和13岁组儿童分别进行了实验研究。结果表明，年幼组儿童中，有68%的孩子的口音被认为"酷似说本族语的人"，而在年龄较大一组中这样的儿童只占7%。

那么，该如何对学前儿童进行语言教育呢？犹太父母多采用自然的方式，激发儿童学习外语的兴趣，创造语言氛围。他们采取以下三种方法，有意识地参与幼儿的双语学习。

一、自然习得法

生活中有很多孩子感兴趣的东西，家长要有目的地选择日常事物，作为激发幼儿兴趣的素材。

如逛超市时，家长要时刻注意孩子的目光，适时地用双语来丰富他们的词汇量；在游玩时，家长要主动运用英语问候语向外国友人打招呼，使孩子在潜移默化中掌握问候语的使用。再比如，孩子喜欢看卡通片，家长可选择卡通和英语相融的碟片，让孩子在放松看片中习得英语。

二、游戏兴趣法

孩子的思维方式是直观行动思维，主要以行动的、直观的方式进行。这种思维的主要特点是在实际行动和直接感知中进行的。要结合幼儿思维发展的趋势，让孩子在游戏中记忆、在直观中感知的方法，潜移默化地产生学习英语的兴趣和积极性。

以英语为例，当孩子积累了若干个动物单词后，家长们可自编一个边讲边玩的儿歌：I can walk like duck；I can run like horse；I can swim like fish；I can jump like frog.

三、氛围营造法

设立学习外语的情景，与孩子形成一种亲切、良好的个人感情交往的氛围。多与他们玩游戏，多给他们讲故事，在玩玩讲讲中自然渗透已学会的外语内容，互动中给孩子把听到和看到的内容进行充分复述的机会。

比如：把孩子已学会的单词贴在家中相应的物体上，创设语言学习的氛围，增加孩子看、说、练的机会；孩子前几天刚学会小鸡这个单词，家长可以有意识地做小鸡的动作，讲有关小鸡的故事，看小鸡的图书等等。运用各种方法帮助孩子练习并运用已学会的英语。

好问题和好答案同样重要

人没有理由对什么事情都确信无疑。怀疑一旦开始，疑点便会愈来愈多，循着怀疑的线索去追寻答案，答案通常是比较正确的。

怀疑是学习的钥匙，它可以打开知识的大门，因此发问可以使人进步。

每个孩子天生都是一个发问家。对儿童而言，整个世界就是由一个个问号构成的。为人父母者要做的就是启发孩子敢于怀疑，敢于发问。人没有理由对什么事情都确信无疑。怀疑一旦开始，疑点便会愈来愈多，循着怀疑的线索去追寻答案，答案通常是比较正确的。

《塔木德》中有一句话："好的问题常会引出好的答案。"

好的问题和好的答案同样重要。问题提得出人意料，通常答案也是深刻的。思考就是由怀疑和答案共同组成的，没有好奇心的人，不会发生怀疑。所以有智慧的人其实就是知道如何怀疑和发问的人。

犹太人重视知识，更重视才能。他们教育孩子说，一般的学习只是一种模仿，没有任何的创新。学习应该以思考为基础，而思考恰恰就是由怀疑和问题所组成的。学习便是经常怀疑，随时发问。怀疑是智慧的大门，知道得越多，就越会发生怀疑，而问题也就随之增加。

所有的怀疑和迷惑，都可通过行动予以终止。所以，无论多大的怀疑和迷惑，最后都要寻求答案予以解答。每一个天才，都是真正的"问题猎手"，所以一定要养成凡事多问"为什么"的习惯。即使是一个貌似平常的小事，如果不断地将"为什么"问下去，说不定就能够找到一座"金矿"。

牛顿在学校成绩不太好，只喜欢动脑筋做各种模型。有一天，他模仿水车辗粉机做了一个小模型，拿到学校去炫耀，做实验给班上的同学看。实验很成功，可是，当班上的一个高材生让他说明，他所做的水车为什么能够这样把麦辗成粉时，他却无言以对。

那个高材生讽刺说："如果你不能说明的话，你不就是一个手指灵活的呆子么？"周围的同学也开始嘲笑他，受了羞辱的牛顿扑了过去，双方大打出手，牛顿被打得喘不过气来。但从此以后，不论面对任何事他都会想"为什么"，并最终成为一位伟大的科学家。

孩子爱提问题是求知欲的一种表现，但很多时候，孩子的问题在大人看来根本不是什么问题，因此他们会说："傻孩子，这算是什么问题？！"但为人父母者要认识到这一点：孩子的"问"表明了他在思考，如果能给予他巧妙的"答"，就会进一步激发他的求知欲望，点燃他智慧的火花。任何一项创新活动都是伴随着积极的思维活动，而思维总是从问题开始的。因此，父母不仅要鼓励孩子提问题，而且对孩子所提出的问题，要热情地、耐心地倾听。同时，对孩子提出的问题，不要急着给出答案，而要给双方留出思考的时间和空间，让孩子自己也认真地想一想。不到最后，不给出简明、易于理解的答案。如果家长能在回答孩子问题后顺着孩子的问题再提出一些新的有关的问题，就会更有利于孩子思维能力的发展。

孩子积极思考，主动提出问题，这对孩子思维的发展极其重要。或许有些父母会问，怎样才能让孩子想问、会问？要让孩子想问问题并提出问题，我们可以仿效犹太人的做法：

安排一个情境，以激发孩子想问的兴趣。

首先，让孩子感到好奇。如玩猜谜游戏，给一些暗示；故事说一半，让孩子好奇地想问结果等等，然后引导孩子问得清楚，而且有礼貌地问。

其次，鼓励孩子积极思考，主动提出问题。在孩子的天性中，有一种求知的欲望，他们心中原本装着无数个"为什么"，想了解这个奇妙世界的本来面目。是成人不以为然的态度和习以为常的姿态，逐渐扼杀了孩子的这种求知冲动。因此，父母如果能够有意识地引导、保护好孩子的好奇心，鼓励孩子积极思考，对孩子的提问表现出自己的兴趣，与孩子一起思考，去寻找未知的答案，孩子提出问题的欲望就会不断增强。

每个父母都要牢记：发问才能使人进步，鼓励孩子多问问题，开发他们的思维能力。

穷人和富人都要接受教育

在教育的园圃里，有早结果实的树，也有晚结果实的树。学习的目的，就是开启智慧和思想。

犹太人认为，智慧和知识是最甜蜜的。

在犹太教中，勤奋好学是敬神的一个组成部分。没有其他任何一种宗教能对学习如此重视。《塔木德》写道："无论谁为钻研《托拉》而刻苦，均会受到种种褒奖。不仅如此，整个世界都受惠于他，他被称为一个朋友、一个可爱的人、一个爱神的人；他将变得公正、虔诚、正直，富有信仰，他将会远离罪恶，接近美德；通过学习，他会享有全面认识世界的聪慧和智性的力量。"

12 世纪时，犹太大哲学家迈蒙尼德还宣布："每个犹太人，不管年轻还是年老，强健还是羸弱，都必须钻研《托拉》。甚至一个乞

丐也必须日夜钻研。"

犹太人认为，没有人是贫穷的，除非他没有知识。拥有知识的人拥有一切。

《塔木德》里有这样一句格言："一个人要是没有知识，那他还能有什么呢？一个人一旦拥有知识，那他还能缺什么呢？"正因如此，犹太人养成了全民好学、全民信仰知识的悠久文化历史传统，这自然是犹太人成功的第一黄金律。当然，从遗传学的角度来说，犹太人天生头脑聪慧，天才层出不穷。

典型的犹太人家庭有个风俗就是，在孩子识字始，把蜂蜜滴在《圣经》上，让他们尝到知识的"甜蜜"。后来，这成为犹太小学生的入学第一课。孩子上学的第一天，穿戴整齐，被父母或有学问的人领到教室。在那里，每位孩子都可以得到一块干净的石板，石板上有用蜂蜜写成的希伯来字母和简单的《圣经》文句，孩子们一边朗读，一边舔掉石板上的蜂蜜。随后，拉比们会分给孩子们蜜糕、苹果和核桃——让孩子们一开始就感受到学习的神圣和知识的"甜蜜"。

每一个人学完一卷《塔木德》，便被认为是生命中的一件大事，往往要请亲朋好友前来庆贺一番。《塔木德》中的许多格言，常常让人一生都记忆犹新：

教育是人人都必须接受的，愚蠢的人受教育，可以去掉他们本性中的愚蠢。聪明的人更需要接受教育，因为聪明人如锋利的刀，不接受教育，砍到不该砍的地方，其破坏力更大。其活泼的心性，不去忙碌有益的事情，就会干出有害的事情。正如肥沃的田地，不种上庄稼，就会长出茂密的野草一样。

富人和穷人都要接受教育。

富有的人没有智慧，岂不像吃饱了的猪或驴子一样无知。

贫穷的人不懂得学习，宛如一头负重的驴，只知道用自己愚昧浅薄的观点来挑战世界，结果只能是头破血流或弄出许多笑话。

美貌的人没有智慧，就仿佛开屏的孔雀或一把藏着钝刀的金鞘，中看不中用。

有权力的人更要学习，正如向导必须有眼睛，喇叭一定要出声，宝剑有锋刃一样。

地位低的人更要努力学习，只有知识才能改变命运。

智力低能到无法教化的人，世上绝无仅有，仿佛一把筛子，如果你连续不断向它泼水，虽然留不住一滴水，然而它会愈来愈干净。笨拙和思考力贫乏的人，虽然不可能有独创，但在某种程度上会改变气质，脱离蒙昧和庸俗。

人的智力如同身体，有的人从小身强力壮，长大后反而体弱多病。总之，多锻炼一定有益健康。在教育的园圃里，有早结果实的树，也有晚结果实的树。学习的目的，就是开启智慧和思想。

学者的地位高于国王

学者的地位要高于国王。如果一个学者死了，没有人能替代他，而如果一个国王死了，所有杰出的犹太人都有能力竞选国王。

犹太人爱读书，爱买书，爱写书。

在犹太人的国度，无论是在街头巷尾，无论是在车站还是广场，专心致志读书的人随处可见。在每个家庭里，书房是必不可少的。

犹太人在休息日，所有的商店、饭店、娱乐场所都停业，交通全部中断，每个人都必须在家中"安息"和祈祷，严禁走亲访友，但有一点是允许的，那就是读书和买书。倘若你从阳台上向下看，你会发现海滩上空空荡荡，大街上寥无人迹，只有书店开业，每个书店中都挤满了人，没有大声喧哗，人们都在静悄悄地看书或购书。

每个书店都生意兴隆，人们对书的酷爱似乎胜于财富，书店中各种观点的书一应俱全，从最为深奥的哲学著作到最通俗的大众读物，都有着各自的读者群体。

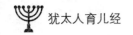

在街头的报亭里，可以买到头天出版的西方各种大报，如《世界报》、《纽约时报》等。

在以色列，除了希伯来母语之外，大多数人都能讲流利的英语，全国有近30家报刊分别用15种文字出版，出版社与图书馆的数量居全球之首，仅有500万人口的国家竟有近900种刊物。每种刊物的定价都很昂贵，即使最节俭的犹太人家庭也总是要订阅好几种期刊或者报纸。购买书报是每个犹太家庭中的重要支出部分。

在犹太民族中，一个14岁左右的孩子每个月都要阅读一本书，全国平均4000人就有一家公共图书馆。

在犹太民族中，学者的地位要高于国王。他们认为，如果一个学者死了，没有人能替代他，而如果一个国王死了，所有杰出的犹太人都有能力竞选国王。

教育越晚孩子智商越低

就算是普通的孩子，只要教育得法，也会成为不平凡的人。假如所有孩子都受到一样的教育，那么他们的命运决定于禀赋的多少。

一位犹太拉比曾说过这样的话："人刚生下来的时候没什么两样，但因为环境，特别是幼小时期所处的环境不同，有的人可能成为天才或英才，有的人则变成了凡夫俗子甚至蠢材。就算是普通的孩子，只要教育得法，也会成为不平凡的人。假如所有孩子都受到一样的教育，那么他们的命运决定于禀赋的多少。"

多数犹太教育家认为，婴儿有辨别母亲面孔与声音的能力，而现代无论怎样高明的机器人却不能达到这一点。机器人尽管会潜水，会下国际象棋，却无法认识一个人的脸。婴儿的这种模式记忆能力，既是原始的又是极为高级的智能，而不正确的早期教育却偏偏无视婴儿的这些卓越的能力，致使孩子极为珍贵的能力白白浪费。

教育家们认识到每个儿童都是有潜能的，但不同的教育条件下，儿童的潜能发挥程度是不一样。资深的犹太教育学家约瑟伯约说：一棵树，如果按照它理想的状态生长到 30 米高，那么我们可以说这棵树具有长到 30 米高的可能性。同样的道理，一个儿童，如果按照理想状态成长，能够长成一个十分有能力的人，那么我们就可以说这个儿童具备很高的潜在能力。

　　这种潜在的能力就是天才。因此，天才并不是我们常人所认为的那种只有少数人才具有的禀赋，而是潜藏于每个人的内心。

　　如果教育得法，就算生下来禀赋只有 50 的一般孩子，他也会优于生下来禀赋为 100 而得不到有效教育的孩子。

　　教育的目标就是要使儿童的潜在能力达到最高，并得以充分发挥。只要充分发挥出这种潜在的能力，他们就能做出不平凡的事情来，他们的一生也就将是最为充分的、辉煌的一生。

　　在现实生活中令人遗憾的是，很多的孩子由于教育不得法，或者说没有接受教育，他们的这种潜力并没有得到充分发挥，这就是人们要问的为何天才如此之少的原因。

　　如何塑造天才，如何发掘天才？最为重要的就是在生活中，在我们的家庭中尽早挖掘出孩子的潜能。

　　生活中的天才是神秘的，事业上的天才更为神秘，这只是因为我们不了解天才是怎样出现的。天才并不神秘，也不是遥不可及，而是与生俱来的一种潜能。每个人身上都存在，只是后天的培养不当，潜能没有开发出来而已。

　　很多人说人人都是有潜能的，但人的潜能并不是恒定的、永存的，而是有一个潜能递减规律。这一规律是一位老教育学家发现的，这位犹太老教育家说：儿童虽然具备潜在能力，但这种潜能是有着递减法则的。初生下来的婴儿他们具备的潜能是 100 度，如果作为一个父母不对孩子进行早期的教育、利用和开发，孩子长到五岁时才接受教育，即使是最为出色的教育，那也只能成为具备 80 度能力的人。而如果

从 10 岁开始教育的话，即使教育再好，也只能达到 60 度的能力了。以此类推，孩子的教育越晚对孩子的开发价值就越低。

送给孩子一包蜡笔

男孩儿与女孩子相比，触觉灵敏而色感迟钝。所以男孩子若不从小培养对色彩的感觉，那他们的色彩感觉将会非常迟钝。

在犹太家庭中，很多孩子都是幸福的，如果能在一个擅长绘画的母亲的培养下成长则更为幸福。一个能绘画的母亲能把与孩子交流的内容绘成图画，以此来增加孩子的知识。当然，在很多的报刊或杂志中也载有这样的漫画，但画风非常颓废，这不利于孩子的品德和兴趣培养，最好不要让孩子接触。如果要让孩子有所了解，家长要做到有所选择。

在犹太人的家庭中，为了发展孩子对色彩的感觉，主妇们总会为孩子买来检查色盲使用的"测验色系"作孩子的玩具。让孩子通过这个玩具开展各种游戏。这些主妇们还把这样的经验相互推荐并相互交流。

一位犹太教育家说：因为男孩儿与女孩子相比，触觉灵敏而色感迟钝。所以男孩子若不从小培养对色彩的感觉，那他们的色彩感觉将会非常迟钝。

在犹太人的家庭中，父母就是孩子的启蒙教师，他们总是能恰到好处地为孩子们挑选一些五彩缤纷的美丽的小球或小积木，这些成了孩子们所喜爱的玩具。这些玩具，加速发展了孩子的色彩感。

在犹太民族中，任何一个有孩子的家庭，总会为孩子藏有一包蜡笔。这包蜡笔便是孩子获得色彩的最好工具。家长可以用这种五颜六色的蜡笔同孩子进行"绘画游戏"。

这种游戏是先为孩子准备一张能随意涂鸦的大纸。在这张纸上，先让孩子从某点开始，再由母亲用红色的蜡笔画一个圆心，而后，让孩子跟着画，用同样的颜色画同样的圆心。母亲可以用很多种颜色来画圆心，让孩子也这样做，如果孩子用错了颜色，这种游戏就算是结束了。这样一来，如果孩子一直用与家长相同的颜色画相同的圆心，那么这个孩子就已经具有了颜色分辨能力。

除了这种游戏之外，家长还带着孩子去野外。在犹太人看来，那里有许多的颜色需要孩子去认识与了解。比如：天空的颜色、云彩的颜色、树木的颜色、建筑物的颜色等都是孩子所要了解的对象，这些东西都能增添孩子的色彩感觉。

质量胜过数量

对教育的投资是有远见的投资。教育是创造以色列新民族的希望所在。

犹太人是根据《塔木德》的教导开展教育的。他们成功的第一个关键就是重视教育。

犹太男孩一到 13 岁，就要参加被称为"巴·米茨瓦赫"的成人礼仪式，自己选择《圣经》中的一节，在众人面前宣读。不仅是读，还必须阐述自己对这节经文的解释。虽然刚刚 13 岁，但已经被要求发表独立见解了。

被誉为"以色列之父"的本一古里安曾说过："如果要让我用最简单的语言描述犹太史的基本内容，我就用这么几个字：质量胜过数量。"确实如此，以色列的富强是和犹太人的高素质、犹太移民带来的先进文化、犹太人重视教育的传统以及全世界犹太人的慷慨解囊分不开的。科学教育的目的就是提高人口素质，人口素质提高了，国家自然也就强大了。

早在以色列建国前，犹太人就把教育作为复国的重要手段，当时的一个提法就是"文化犹太复国主义"，因此以色列建国前就出现了两所大学和若干中小学校。之后，以色列历届政府将教育立国和科技立国作为国家兴亡的根本。

本一古里安说："没有教育，就没有未来。"

梅厄夫人说："对教育的投资是有远见的投资。"

夏扎尔也曾说过："教育是创造以色列新民族的希望所在"。

曾担任总统，退下来后去当教育部长的纳冯更直截了当地说："教育上的投资就是经济上的投资。"

以色列的第一任总统是著名的物理学家魏兹曼。刚建国，还在炮火隆隆声中，以色列的首任教育部长盖尔，叫来了他的秘书艾德勒。

"艾德勒，我们一起来草拟教育法，必须强迫 3 岁到 15 岁的孩子们，让他们接受免费教育。"

"免费！？"艾德勒惊愕不已，要知道，立国之初的以色列尚处在战火之中，战争的经费都是美国人提供的，而当时整个教育部只有盖尔和艾德勒两个人，唯一的财产是一架破打字机。"是的！免费！"盖尔坚定地回答，"我们处在敌人的包围之中，背靠地中海……我们必须培训高素质的人，只有这样才能对付几十倍于我们的敌人。"

盖尔激动地说："我们要建立一个历史博物馆。让孩子们知道3000 年前圣殿被罗马人毁掉的悲剧，让他们知道在二战中犹太人被屠杀的事实，知道那些毒气室、骷髅、鲜血和希特勒。"

当第一次中东战争结束后，盖尔和艾德勒拟出了以色列的义务教育法。

第二年，这部法律在以色列议会全票通过。

正是对教育的重视，使以色列在许多方面都处于世界前列。

第 *11* 章
别为小事抓狂，整理是一切的开始

——犹太人如何教孩子培养好习惯

习惯成就性格，性格决定命运。青少年时期短短几年，可以在叛逆中虚度光阴，也可以在习惯养成中成就未来。从小养成高效能人士的习惯，过一个有准备的人生！

把书印到大脑里

一旦你的记忆容量变大了，你的大脑就有能力不断地储存新的信息。

在研究《塔木德》的学院的学生里，很多都是从早到晚一直学习的。经常可以看到他们捧着书，口中不住地读着什么。这种学习热情真让人感慨。

犹太人的学习方法可以称作"投入学习法"。他们在学习的时候，会动用全身的器官进行辅助。按照我们的做法，学习就是默读课文，重要的地方用红线和蓝线标出来或将其抄到笔记本上进行整理。虽然这样可以为了应付考试而有效地背诵，但考试结束后，记忆的东西大半都忘掉了。

像前面所述，犹太人学习是将眼睛看、口读、耳朵听等各种方式综合起来，而不是单纯地阅读。课文虽然单调，但他们可以用一种旋律来吟读。这种旋律和他们以圣歌为原形改造的歌曲（做礼拜时吟唱）的风格一样。无论是《圣经》还是《塔木德》，他们都用这种旋律来吟读。

犹太人读书的时候，除了抑扬顿挫地朗读，还要按一定的节律左右摇摆。他们一边用右手按着课本，一边动用所有能想到的身体器官，按照文章的意思，将自己完全投入进去。

犹太人早礼拜的祈祷文有150页左右，如果每天早晨都反复朗读，谁都可以记住。一旦你的记忆容量变大了，你的大脑就有能力不断地储存新的信息。

普通的犹太人当中很少有人能用希伯来语将《圣经·旧约》全部背诵出来。《塔木德》的研究者中有人能记住经文的全部内容，他们就是用带有节律的吟读的方式将《塔木德》"印"到大脑里面去的。

他们在记忆文章的线索时，经常先背诵某一提示性的句子，然后再反复诵读《塔木德》，直到眼前能出现所背文句的出处。如果做到这样了，即使手中没有书，他们也可以被当作正确的《塔木德》来请教。

每天抽出一小时陪孩子

不要吝啬你的赞美之词，纵然孩子只做了一件小事，即使是微不足道的事，只要是孩子做的，都应该给予鼓励。这样还可以培养孩子的自信心，让孩子得到力量。

一个人如果希望他的孩子尊重并执行他的命令，那他自己首先就要尊重他的孩子。

《塔木德》中说：

溺爱孩子的人对孩子无微不至。

不经管教的马难以驾驭，未经约束的孩子十分任性。

纵容孩子，他会让你震惊；和他一起玩耍，他会让你悲伤。

不要和他一起玩笑，以免和他一起痛，最后让你把牙磨碎。

不要在他年轻的时候就给他自由，或者是忽略他的错误。

管教你的孩子，耐心对待，他就不会做不光彩的事情让你难堪……

为人父母是一件劳神的事，教育孩子需要付出无数的牺牲和持续的努力。父母感到欣喜的是，他们所付出的努力终会取得回报，从孩子身上可以感受到成功的自豪、成长和发展的奇迹、温暖和爱的感觉。可是也有许多孩子会让他们的父母享受不到这些回报。

父母们究竟怎样来与孩子相处并达到相互欣赏，这是一门值得认真学习的艺术。

在耶路撒冷一所大学的家庭教育会上，一位叫彼拉大克的父亲说："我每天都要花一个小时的时间陪孩子做功课，这不仅让孩子很快做完功课还能培养孩子专注的能力。"

许多父母总是认为孩子最喜欢的是玩具，其实，孩子真正喜欢的是父母每天能和他交流、沟通。

许多犹太教育学家们认为，孩子需要父母的关心、接纳和倾听，最为重要的是希望与父母进行感情上的交流。因此，父母应找出一些时间与孩子呆在一起。这是交流的最好方式。

利用饭后散步的这段时间，与孩子进行沟通或回答孩子的一些问题，是再好不过的，这个时候，孩子的接受能力特别强，因此这段时间可以说是教育孩子的黄金时间。

与孩子在一起时，作为父母你可能不知道与孩子进行怎样的交流，也不知道与孩子进行怎样的对话，下面让我们看一看犹太父母是怎样做的：

倾听很重要。父母都可能有工作，而且还很忙碌，为了生存这是不可避免的。孩子上托儿所或是由他人看管，分开一天，孩子一定有许多的新鲜事想告诉爸爸、妈妈。父母应抽时间，听听孩子一天的经历。即使孩子不主动和父母谈，父母也应该主动找孩子谈，这也是培养孩子语言交往能力的好机会。

善于鼓励孩子。孩子渴望听到表扬或鼓励的话，这是人最基本的心理要求，作为父母不要吝啬你的赞美之辞，纵然孩子只做了一件小事，即使是微不足道的事，只要是孩子做的，都应该给予鼓励。这样还可以培养孩子的自信心，让孩子得到力量。

态度要冷静。许多父母工作一天后，劳累与烦躁使得心情很不好，容易把这种情绪波动发泄给孩子。当看到孩子做了一些让自己恼火的事，就对孩子大动肝火，这是不对的，也是不科学的，这样对孩子是一个打击。不要因一些小事就责备孩子，否则，孩子可能从此不再和父母交流。

表达你的理解。孩子如果倾诉了一些挫折、失意的事，在父母看来可能是不起眼的小事，如别人抢了他的东西；在托儿所吃饭时，教师把他喜欢的碗分发给了别人等等，父母都应表示出相应的理解、同情。这样就会使孩子不愉快的心情得到宣泄和抚慰，以后孩子就更愿意和父母交流了，心中有什么事都愿意和父母探讨。

培养孩子扮演教师的角色

让孩子在家庭中"扮演教师"这一角色，孩子就可以非常快速地吸收所学的知识。找到自信的方法，并发现自己的价值。

贝恩亚尼是一个不爱学习的孩子。为了把他引上学习之路，不识字的母亲也拿起了笔，并让儿子贝恩亚尼当她的教师。小贝恩亚尼很惊讶母亲这么大年龄还请他当教师，他很兴奋。为了当好母亲的教师，他不得不自己好好学习。每天傍晚，邻居总看到一个孩子在向一个中年妇女讲授功课。

在不知不觉中，贝恩亚尼的功课进步很大。后来他以第一名的成绩考入了以色列最好的中学。

智慧在哪里呢？一项脑力测验表明：

学生只能吸收教师在课堂上所讲内容的 10% 左右。如果一个学生自己阅读材料，那么其吸收率将急速提高到 70% 左右。如果学生再将所学的内容教给别人，无论他是扮演一个教师的角色，还是在合作性的学习环境下讲授，孩子将掌握有关内容的 90%。

因此，这一理念就非常明显。如果在家庭中父母把孩子放在教师的位置上，他们所学会的东西就越多。

一位从教多年的犹太教师比尔拉兹说："有人问我是如何将那些糟糕透顶的小语法规则记住的？我回答说，那是我在教别人的过程中，更多更详细、更为深入地学会了这些东西。"

这位教师说，如果你刚刚从大学的哲学系毕业，你是不能把那么一大堆比如亚里士多德、康德、黑格尔等这些人的理论熟记于胸的。在你教学的过程中，你就不知不觉掌握了这些知识，并且了如指掌。

通过以上的事实说明，如果你注意培养孩子在家庭中"扮演教师"的角色。孩子就可能主动开发相关技能。这些技能以后将使他跃升到班里领袖人物的位置上，从而使他承担起指导性、领导性的责任。

很多教育家认为，让孩子在家庭中"扮演教师"这一角色，孩子就可以非常快速地吸收所学的知识。

在家庭中，父母可以这样让孩子来扮演教师：

让孩子把一些问题讲给父母，父母可以扮作学生，虚心向孩子请教各种孩子所要掌握的问题与知识。很多教育家认为，父母应该积极参与到孩子的教育中去。因为这种参与有着很大的价值，它要求父母与孩子一同度过一段高质量的时光。

这种活动很简单，其价值却是不可低估。这个活动要求孩子把家庭作业中不易理解的概念解释给父母听，或者学校当前正在发生的一件事也可以。

在孩子讲课时，父母要尽量装得"无知"一点，这样可能会让孩子讲得更为详细，又能把孩子放在讲述某一问题的幸运位置上，就像是教师在课堂提问学生一样。

当然，这种家庭游戏最初可能让父母与孩子都觉得无聊，只要坚持下来，很快就能发展成为一个良好的习惯。这种习惯一旦养成，晚餐时的谈话就会出现很多有价值的内容。这些谈话也就变得越来越成熟，直到有一天你会发现你的孩子所掌握的东西比你所掌握的东西还要多。

另一种情况是，孩子对以前所不能解决的问题，突然之间会找到答案，找到了解决的思路。

给孩子购买数个小娃娃，让孩子给这些小娃娃讲课。这在家庭中是最为有趣的一件事。

综上所述，多鼓励孩子"扮演教师"是非常有效果的。在这样的游戏当中，孩子会找到自信的方法，并发现自己的价值。

想象力比知识更重要

想象力概括着世界上的一切，推动着进步，并且是知识进化的源泉。没有想象，就没有新的发明与创造，就无法解决生产和生活中的新的问题，人类社会就无法前进。

这是犹太家庭教育中一则很有代表性的故事：

一个孩子的父亲是一个极为刻板与严谨的人，每天的生活极有规律。儿子却是一个调皮的家伙，精力充沛，整天在不停地动，总是弄坏东西，总是在为不当的行为挨揍。

有一次，这个孩子把他父母的表拆开了，他只不过是想看看里面是什么东西，并试图想把这表修好，结果失败了。孩子的父亲发现这个情况之后，气得暴跳如雷，拿起木棒就打这个孩子，打得这个孩子皮开肉绽。这位粗暴的父亲在弄明白事情的真相之后，又碍于面子不愿意向孩子认错。

这个可怜的孩子才八九岁，每天却都生活在忧郁之中，他对自己的父亲充满了恨意。终于有一天，他跟着一个马戏团出走了。

自由固然不能脱离纪律的约束，但是纪律和制度也不能固定和过分限制孩子的行为。

犹太教育家塞宾尼思认为，纪律远远比不上孩子自由的天性、活泼的心灵。教育者不但不应该压制，相反还应当培育孩子的这些素质。纪律应当为孩子的自由发展、满足孩子的好奇心而服务，而不能让一些陈规压制了孩子的美好天性。

教育家认为，上面那个父亲对离家出走的孩子如果引导得法，那么孩子足可以在机械方面得到发展，完全可以成为一位发明家或者说是科学家。然而，在不合理的家庭教育中，他只能选择去当流浪汉过自由的生活。

这位父亲，如果他把这样充满好奇心的孩子领到钟表店让孩子看个够，或者说是把钟表的原理讲给孩子，那么什么事都解决了。

这个不称职的父亲的错误就在于，他缺乏对孩子好奇心的重视，他不知道如何洞察孩子自由的天性。

好奇心是每个孩子探究世界上未知因素的心理动因，好奇心有助于孩子想象力的培养。好奇心是创造精神的源泉，是孩子想象的动力。正因为孩子有了无数的好奇心，他才不停地提问、思考、想象。父母有责任保护好孩子的好奇心，让孩子的思维永远处于活跃的状态。每一个孩子都应该享受探究世界的权利。如果不是这样，孩子只能成为一个唯唯诺诺、机械模仿、缺乏创造性、没有主见、只在一定的框架中思考的人。

在不少的家庭中，孩子所得到的只是呆板的、墨守成规的教育。在这样的教育中成长起来的孩子，虽然说能按父母的意愿取得一定的成就，可多少也会受其家庭与父母的影响，也只是一个板着脸，只会啃书本，毫无乐趣可言的人。

犹太教育家塞宾尼思还认为，在游戏中培养孩子的想象力是一种行之有效的办法，也是一种不可多得的办法。因为大多数孩子都喜欢做游戏。特别是角色游戏和造型游戏，随着扮演角色和游戏情节的变化，孩子的想象异常活跃，游戏的内容也随之丰富起来，想象就更为活跃。

犹太人爱因斯坦说过：

想象力比知识更为重要，因为知识是有限的，而想象力概括着世界上的一切，推动着进步，并且是知识进化的源泉。严格地说，想象力是科学研究中的重要因素。在现实社会中，没有想象，就没有新的发明与创造，就无法解决生产和生活中的新的问题，人类社会就无法前进。

父母所要记住的是：

想象是孩子自由思维的表现，维护想象力是培养孩子热爱自由品格的重要方式，也是培养孩子创造力的有效的途径。要培养孩子的想象力，除了保护孩子的好奇心，让孩子多接触大自然、多接触生活，还要保持孩子独立的个性，让孩子尝到想象的快乐。

犹太教育家不主张用清规戒律来束缚孩子，更不主张孩子因循守旧。他们反对人们硬把什么教义、信条以及上帝的惩罚、地狱的折磨等子虚乌有的事灌输给还不太明白是非的孩子，并毫无道理地要求孩子绝对服从。因为他们认为，这样一来，孩子的头脑就会被这些东西紧紧地缚住，不能自由地探求知识，终日生活在迷信和恐惧之中。

犹太教育家还反对对孩子的天真报以嘲笑和讽刺。父母应该非常注意保护孩子的探索精神，对孩子所提出的问题能耐心为孩子们解答。

好成绩来源于好习惯

那些在学习上废寝忘食的人，通常他们在人生中的所有领域中都很努力。孩子们玩乐的方式只不过是他们学习方式的反映，学习和玩乐中的成绩，都能给他们带来巨大的欢乐。

著名的犹太教师巴赫德塔说：

有不少的孩子在数学方面的天赋是很高的。如果给他一个公式，他就能解出任何数学的难题，可是作文水平却是平平。与他的能力应得的成绩相比，他没有付出多大的努力。可问题就出在家庭作业上，这样的学生只完成三分之二的家庭作业。而另一个学生却是另外一种情况，他能把教师所指定的作业完成到 95％，而且每天晚上至少能轻松阅读半个小时的书。

两个孩子的成绩问题关键在于他们的学习习惯，而不是天赋。

孩子从上学那天起，就有坚持做家庭作业的习惯。每个父母都有自己的一套教育方案，认为什么时候学习对孩子最为合适。有的父母愿意让孩子放学到家后马上学习，因为这个时候孩子的大脑还处于学习的思维之中。完成家庭作业后，剩余的时间就是孩子娱乐的时间，这是对孩子的一种奖赏。有的父母则愿意先让孩子休息一会儿后再来完成家庭作业，认为这样孩子可以把作业完成得更好更出色。

不论用哪种方式，只要是能够让孩子学习，这就是一个好方案。比如有的学生一边在家中做作业，一边听音乐，而且还学得很好。有的孩子就必须要在绝对安静中才能坐下来读书。有的孩子非要等到吃完饭以后才能坐下来学习，有的孩子习惯边吃着东西边阅读。

无论怎样，父母都要注意，应把孩子的学习习惯和学习环境尽早建立起来。

孩子在小学时候养成的习惯，将决定他们将来是否取得巨大成功。

在家庭学习中，父母鼓励孩子掌握时间是很关键的。时间管理是一门重要的学习技能，其重要性丝毫不亚于数学几何定理的应用。学习需要自我意志，需要自我控制，所以在孩子幼小时期，父母要帮助他们将学习的习惯尽早建立起来。

当然，父母在鼓励孩子学习时，也不要忘了让孩子享受生活。因为很少有人属于真正的多重性格。那些在学习上废寝忘食的人，通常他们在人生中的所有领域中都很努力。父母们所要关注的是：孩子们玩乐的方式只不过是他们学习方式的反映，学习和玩乐中的成绩，都能给他们带来巨大的欢乐。

热爱知识从爱书开始

家长培养孩子的阅读习惯，最好的方法是将有形匿于无形之中，这是影响孩子开发孩子潜能的最好办法。

婴儿从六个月就已经开始熟悉声音，并对纸上的东西发生兴趣。尽管他们不懂得内容，但只要给他们朗读，就能使他们熟悉、喜欢父母的声音。这是一个不可多得的时机，可以为他日后的教育打下基础。

据很多教育学家发现，幼儿是很喜欢听童话故事的，即便是外婆讲过十几遍的老故事他们也一样爱听。教育心理学家认为，孩子们喜欢童话表明他们不愿意做旁观者，通过听大人讲故事和自己阅读，孩子可以发挥自己的想象力，按自己的方式参与、安排故事，并从中反映、分享他们的愿望和快乐。

一位犹太母亲在介绍自己的教育经验时说：

我的女儿出生后不久，我就开始念故事给女儿听。

初时，她咬书皮，滴口水在书上，但是我并不介意，甚至于让女儿抱着书睡。女儿不到一岁就喜欢上了书本，她很爱依偎在我的怀中听我讲童话故事。女儿会走路之后，常常坐在家中的达拉布多狗旁边，倒拿书本，念书给狗听。当女儿后来进入幼儿园，教师发现她比别的孩子要早两年懂得阅读，而且是乐此不疲。

高声朗读是对婴儿表达感情的方式之一，随着婴儿的生长，婴儿把高声朗读看成是一种安宁和安全的声音，并把声音同受到爱护的美好形象联系起来。父母给孩子阅读时，应该注意根据故事情节的轻重缓急，掌握好阅读节奏，以便对孩子产生一种阅读的兴趣与气氛。

父母在给孩子阅读故事时要把故事念得生动活泼以唤起孩子的好奇心和兴趣。开始念新书前，你可以让孩子看看书的封皮，问他们看到了什么，猜想书中会写什么，下一步就让孩子看书中的图画等。

以色列前总统夫人芭芭拉在谈到她的教子之道时说：

我给孩子念故事时，并不让他们光坐在那里听。有时我会故意停下来，对孩子们说，现在你们猜猜又会发生什么样的事呢？如果是在阅读中遇上孩子们不熟悉的字，我就会一一解释给他们听。

在家庭教育之中不少的家长给孩子买了书，又怕孩子把书籍给搞坏了弄脏了，孩子读过书后，就赶快收起来，放到孩子拿不着的地方。更有甚者，有的家长当孩子在全神贯注看书之时，不停地叫孩子干这干那，这种做法是不可取的。家长培养孩子的阅读习惯，最好的方法是将有形匿于无形之中，这是影响孩子开发孩子潜能的最好办法。

犹太教育学家们认为，孩子需要的不是某种概念，他们所需要的是适合他们胃口与兴趣的书。当然，他们也需要换换胃口，父母可以利用不同的场合、物品来教导孩子，比如报纸、杂志、明信片，甚至物品包装纸上的说明文字等，处处让孩子得到学习，这样就可让孩子明白文字、知识在生活中的各个方面的重要性。

孩子一天天长大，当到一定的时间孩子学会了自己阅读后，家长不要太快就放弃自己对孩子阅读的责任，还要坚持念书给孩子听，直到孩子上中学为止。很多教育经验告诉我们，大多数的孩子的聆听能力比阅读能力高，从"听"书中孩子所获得的效益是极为明显的。

不到万不得已不卖书

唯有知识是任何人也抢夺不走的。只要你活着，知识就永远跟随着你，无论走到什么地方都不会丧失。

犹太人的习俗中有这样规定：当你处于穷困潦倒之际，不得不变卖余物以维生的时候，你首先应该卖的是金子、宝石、土地和房屋。而你家庭中所拥有的书籍，则不到万不得已不可变卖。

1736年，犹太人制订了一项与书籍有关的法律：当有人借书的时候，如果书本的拥有者拒不出借，便是违法，应处以很重的罚金——这如果不是唯一的话，也是人类有史以来第一部关于书籍的立法。古代犹太人甚至还说，假如你有一本好书，即使你的敌人要借的话，你也必须借给他，否则你就会成为知识的敌人。

犹太人嗜书如命的特点由此得到证明。一直过着颠沛流离生活的犹太人，一切都可放弃，却绝对不肯放弃书籍，不肯放弃知识的源泉，不肯放弃读书的习惯，这在其他各民族当中，几乎是绝无仅有的。

犹太人爱书重教，目的当然是为了生存。因为，对一个时时处于流离状态的民族而言，一切都可能被掠夺，唯有脑海里的知识不会被掠夺；一切都可能丧失，唯有学到的本领不会丧失。有这样一位犹太母亲向自己的孩子提问："假如有一天，你的房子被烧毁，财产被抢光，你将会带什么东西逃跑呢？"

孩子尚小，不懂得母亲的用意，他回答："当然是钱和珠宝。"

母亲又问："有一种没有形状，没有颜色，没有气味的东西，你知道是什么吗？"

孩子回答说："空气。"

母亲再问："空气固然重要，但是它无处不有，所以也并不需要你携带。孩子，万一到了那个时候，你需要带走的东西，既不是钱，也不是钻石珠宝，而是知识。因为唯有知识是任何人也抢夺不走的。只要你活着，知识就永远跟随着你，无论走到什么地方都不会丧失。"

这就是犹太母亲对孩子所进行的一次启蒙教育。

兴趣是成功的第一任教师

太多的东西值得我们去探讨，不用担心有一天都被我们探讨完，而没有新的东西可以刺激我们。有刺激才会有反应，有时候越强的刺激会有越强的反应。

兴趣是成功的第一任教师。犹太人相当重视幼儿的兴趣教育，所以犹太人人口虽少，但涌现的天才却很多。

由于爱因斯坦父母、玻尔父亲、斯皮尔伯格父亲很早就认识到好奇心对孩子成才的巨大作用，所以他们在孩子很小时就注意启发孩子的好奇心，从而培养了他们的天才；而毕加索的父亲则是最早发现了儿子的兴趣，据此培养孩子，孩子也就真正成了天才。

想一想，刚生下来的婴儿，对于未知世界是多么好奇，他很想知道这个世界是什么样，他会一直接收新的信息进来。如果这时给他听一些音乐，给他看一些画，给他一些智力上的训练，他就像白纸一样，所有的色彩都会加进来。孩子的可塑性是最高的，及时加以训练，才可以培养出优秀的人才，等到10岁、20岁再培养，可能会太迟了。

小孩子生来具有好奇心，可是随着时间的推移，随着对周围事物和环境的熟悉之后，好奇心就不如以前强烈了，这时候智力的发展就会迟缓。我们知道，智力的发展主要就是有好奇心，哲学家拥有一颗敏锐的心，对于世间的万物都会去探讨。

其实有太多的东西值得我们去探讨，不用担心有一天都被我们探讨完，而没有新的东西可以刺激我们。有刺激才会有反应，有时候越强的刺激会有越强的反应。

软环境比硬环境有杀伤力

孩子的自我期望开始于家庭。

我们要给孩子创造一个学习的环境，让孩子在"耳濡目染"中懂得学习的重要性，不只是硬环境，还要给孩子创造"软环境"。

据犹太教育专家发现，孩子的自我期望开始于家庭。因此如果我们真的认为学习对孩子非常重要，我们就必须通过父母的言语表现出来，重复地向孩子宣扬智慧会带来成功，长此以往，孩子也会这样认为。

要让孩子养成良好的学习习惯，使孩子主动学习，犹太家长通常这样做：

养成每天晚上全家一起阅读的好习惯，全家人静静地坐在一起，阅读自己喜欢的书籍。

帮助孩子订一份报刊或杂志，并督促孩子自己阅读。

每周拿出一天时间来共同阅读报纸，就关心的话题展开讨论。

每周拿出两天，用1小时的时间同孩子一起玩，或让孩子参加能促进孩子语言能力发展的棋类运动。

晚上对孩子不懂的东西进行讨论并解决。

每周带孩子去一次博物馆、图书馆、历史遗迹参观。

读 101 遍就比读 100 遍好

大多数人躲避思考的理由是"费脑筋"，思考确实是一件苦差事。然而，天才们之所以能够成为天才，正是由于他们勇于完成这个"转换"——变逃避用脑为乐于用脑。

记忆对一个人来说是非常重要的。没有记忆，人们的思考就失去了前提。记忆是人智力活动的仓库。在智力发展最重要的幼儿时期，记忆则具有更重大的意义。

前苏联心理学家维果斯基认为：学前儿童心理活动的各个方面以记忆占有优势地位，记忆处于意识的中心。如果没有记忆能力，那么幼儿每一次都要去重新认识那些已经见过的事物，那么他们不可能获得任何生活知识经验。有了记忆，先后的经验才能联系起来。通过记忆，人们丰富自己的知识，并形成各自的心理特征。所以说，幼儿记忆的发展对学习文化科学知识有直接作用。

因此，背诵和记忆是古希伯来教育最通用的教学方法。在古以色列人中有读 101 遍要比读 100 遍好的说法。在学者们当中，最值得夸耀的事是能一字不差地背诵完《圣经》。希伯来拉比讲过：一个成功的学者要手脑并用，并且通过熟读和记忆来引发思考。

公元前 3 世纪，在古希伯来刚刚兴起的学校里，年轻人开始从学习古代律法转向了解民族衰败和兴旺的各种问题，探索人生的真谛，学习有关实际事物的知识。教师们常常要求学生先背熟内容，然后再逐段、逐句地讲解，其目的就是要让学生一点不落地掌握圣典的内容。除此之外，希伯来人在强调机械性记忆的同时，还主张要勤于思考。当犹太学生背下了所学的内容之后，教师常常引导学生提出各种问题，并对这些问题进行讨论。而在讨论的过程中，学生对所学知识的认识又会上升到一定高度。

大多数人躲避思考的理由是"费脑筋"，思考确实是一件苦差事。然而，天才们之所以能够成为天才，正是由于他们勇于完成这个"转换"——变逃避用脑为乐于用脑。

犹太人认为，按记忆时的意识状态来分，记忆可以分为无意记忆和有意记忆。孩子越小，无意记忆就越占优势。当孩子年龄小的时候，常常忘记父母的吩咐，为人父母者不要轻易地说他"没记性"，那只是因为他不太感兴趣而已。随着孩子年龄的增长，有意记忆就逐渐发展起来，占主导地位。比如，6、7岁的孩子常会自言自语地重复家长对自己说的事情，对一些一下子不太懂的事情还会再度"请示"。

有意记忆又分为机械记忆和意义记忆两种。孩子由于知识经验少，缺乏对事物内在联系的认识，年龄越小，就越多地抓住事物的外部联系去机械记忆，而小学阶段的孩子在记忆某篇文章或某些事情时，就不再逐字逐句地原文照背，已经能在理解的基础上记忆。对于孩子的学习而言，意义记忆的效果会更好。不过，机械记忆也是必不可少的，因为有一些知识内容，如字母的记忆等必须是机械记忆。

讲到记忆就会讲到它的"孪生姐妹"——遗忘。人们记忆、背诵，总是希望永远不忘。可是，现实生活中偏偏会出现遗忘。有人做过实验，测试人在学习半个月以后的遗忘情况，结果令人大吃一惊。大学生对物理知识忘了85%，中学生对生物知识忘了60%，小学生对地理知识忘了55%。

犹太人教育孩子说，遗忘并不可怕，关键在于你怎么去认识遗忘。

首先，遗忘是生活的常规，只要不超过一定的范围，是很正常的。遗忘对一个人的认识起着过滤的作用，滤去那些不重要，不符合社会和个人需要的东西，保存下来的就是对个人很重要的东西。不要认为只要能记住就是好事，有时记忆中有大量我们完全不需要的琐事，如果我们不把它们赶快遗忘的话，势必会拖累记忆，影响记忆的效果。

在日常生活中，有的同学在听教师上课或听演讲的时候，把教师或演讲者的口头禅记住了，而忘记了主要内容，这对他的生活和学习都是不利的。

其次，要与遗忘作斗争。也就是让那些我们不希望遗忘的东西少遗忘或不遗忘，最主要的方法就是复习。通过复习，加强识记就能减少遗忘。

犹太父母的做法值得我们借鉴。在教育孩子掌握知识时，必须将记忆与思考结合起来，提高学习效率，取得学习的最佳效果。

天才始于注意力

注意力是通向知识世界的窗户，没有它，再多的知识也无法进入孩子的心灵。天才始于注意力。

犹太拉比说：天才始于注意力。注意力不集中，易分心，是所有孩子的共性。年龄越小，控制注意力的时间越短，小学一年级的学生一次集中注意力时间至多也只有 15 分钟，1~2 岁的孩子自然更短，最多不会超过 3 分钟。

历史上凡是事业真正有所成的人，在工作和学习时总是注意力高度集中，达到如痴如迷的程度。著名的化学家和物理学家居里夫人就有着非凡的注意力。她小时候读书很专心，完全不知道周围发生的一切，即使别的孩子跟她开玩笑，故意发出各种使人不堪忍受的喧哗之声，都不能把她的注意力从书本上转移走。有一次，她的几个姊妹搞恶作剧，用六把椅子在她身后搭了一座不稳定的三角架。她由于在认真看书，一点也没有注意到头顶上的危险。"木塔"突然地轰然倒塌，引起周围的孩子们的哄笑。

爱因斯坦看书入了迷，把一张价值 1500 美元的支票当书签丢掉了；大科学家牛顿把怀表当鸡蛋煮做午饭；黑格尔一次思考问题，在

同一地方站了一天一夜。这类轶事，都是这些伟大人物做事时注意力高度集中的表现。

然而，有些孩子的情况却很糟，几乎片刻不停，忙忙碌碌，一丁点儿的事物也可以轻易把他们吸引过去。虽然他们也有兴趣爱好，但对感兴趣的事情也无法主动集中注意力。像这类孩子就具有注意力分散度较大的气质特点，应该及早给予帮助，否则到学龄时期就会出现多动症症状，影响纪律，影响学习。

以色列有个教育学家说过，"注意力是心灵的唯一门户，意识的一切都要经它进来。"

排除外界干扰，是提高注意力的一个重要方面。

有人曾经问爱迪生："成功的第一要素是什么？"

爱迪生答道："我认为成功的第一要素就是，能够将你身体与心智能量锲而不舍地运用在同一个问题上而不会厌倦。你整天都在做事，不是吗？每个人都是一样。假如你早上 6 点起床，晚上 11 点睡觉，你做事就做了整整 17 个小时。对大多数人而言，他们肯定是一直在做一些事情，唯一的问题是，他们做了很多很多件事，而我只做一件。假如将这些时间运用在一个目的、一个方向上，那就会取得成功。"

是否高度专一，一天就有很大的差别，那么一个月、一年、十年呢？不言而喻，那差异就更大了。因此，卡莱尔说："最弱的人，如果集中精力于单一目标，也能有所成就；反之，最强的人，如果分心于太多事务，很可能一无所成。"

使注意力高度集中一个必要的条件就是，使刺激引起的兴奋强烈起来。

作为家长需要了解到，注意力是人的心理现象，它分为无意注意和有意注意两种。一个人从无意注意到有意注意的形成需要有一个发展过程：人在出生后的最初一段时期内，只有无意注意；在教育培养下，随着语言的发展和生活经验的增长，有意注意才逐渐形成和发展起来。学龄前和学龄初期的孩子的无意注意占优势，注意力容易随外界事物的变化而转移。有些家长不了解孩子无意注意占优势的心理特点，要求孩子老老实实坐着，布置提前练字或做枯燥的计算题等等，孩子总是很难做到。在犹太人看来，绝大部分孩子的注意力发展是正常的，家长大可不必过于担心。但家长一定要遵循孩子心理发展规律，关心并培养孩子的有意注意，为今后健康的成长和有效的学习打好基础：

一、注意孩子脑营养

活动要消耗大量的营养物质。在紧张的学习期间，家长应该让孩子多吃容易消化的食品和高蛋白的食物。每次吃饭以八分饱为宜。此外每天还要保证孩子的饮水量，最好每天维持在 1.5 升以上，多喝矿泉水或温开水，少喝甚至不喝刺激或兴奋性的饮料。

二、增强孩子的信心

孩子在家长的正面引导和鼓励下会渐渐对自己增强信心，认为自己能够安静地坐下来集中注意力学习。所以家长要经常用亲切的口吻，平和的态度对孩子说："我相信你再坚持一下，会比前些天做得更好。你的注意力比以前集中了。"这样的心理暗示对加强孩子的信心很有好处。

三、保证充足的睡眠

睡眠对保护神经细胞免于衰竭很重要，所以家长要关心孩子睡眠的质和量。学龄孩子每天晚上睡觉不宜晚于 10 点。一般而言，孩子的睡眠时间不应少于 9 个小时。

四、孩子不能过于疲劳

如果连续几个小时埋头做功课，学习效率就会下降。要使孩子能够有效地集中注意力，就要帮助孩子防止、克服和消除疲劳。注意孩子学习内容不要单一化，隔一段时间换一项活动，适当地给孩子中间休息的机会。

五、排除干扰因素

一个好的学习环境能养成孩子一坐到书桌前就投入学习的习惯，集中注意力变得容易主动。学习环境的周围不要有噪音，避免阳光直晒刺激孩子的眼睛，书桌不宜太靠近窗口，以免窗外的景物分散孩子的注意力。

　　孩子刚放学回家，家长不妨让他先洗洗脸，吃些点心，和他聊聊学校里的趣事。这样让孩子兴奋的神经先安静下来，把会让孩子分心的事先排除掉。

　　一位犹太母亲这样说：注意力是通向知识世界的窗户，没有它，再多的知识也无法进入孩子的心灵。

第 *12* 章

3岁对了，一辈子就对了

——犹太人如何进行早期教育

3岁看大，7岁看老。把握时机，因势利导。用足够的耐心和爱心，宽容地对待孩子的一些"过分"行为。用温和的方式和方法，给孩子充分的自由发展的机会。

早期教育不容忽视

犹太人的早期教育至少有五个亮点：一是爱书，二是尊师，三是惜时，四是吃苦，五是不忘本。

古代犹太人极度重视对孩子进行早期教育，当然，那时的早期教育实际上是宗教教育。

古代犹太人的"先知"以赛亚主张婴儿断奶时就应开始受教育。另一位伟大先知斐诺也主张孩子在襁褓中就应该知道上帝是宇宙的唯一的神和创造者，让他从小"感受上帝的灵气"。

犹太人一般认为，儿童刚学会说话，就应该教他说"西玛"，并开始教孩子说："听着，以色列人啊，耶和华是我们的牧者，是唯一的神。"然后逐渐教孩子背诵祈祷文、箴言，学唱赞美诗。

早期希伯来教育和其他原始民族的教育一样，尚处在萌芽阶段，当时没有正规的学校和教师，家庭便成为孩子们接受教育的场所。

早期希伯来人家庭教育的主要内容是注重品德培养胜于传授知识，尤为注意儿童敬畏上帝，养成谦逊、节制、仁慈、诚实等品质。教育的直接目的是培养孩子对上帝的敬畏心理以及身为犹太人的使命感与优越感，启发他们对正义与信念的献身精神。

尽管当时的家庭教育还比较原始，比较狭隘，远未形成完备的教育体系，但它却在犹太民族的发展史和世界教育史上占有一定的地位。

"正是这种浸沉着浓厚宗教气氛的家庭教育，使得每个犹太人家庭都是一个牢不可破的堡垒。正是这种把一切统摄在笃信上帝、充当上帝的子女的教育之下，使得犹太人尽管此后散居各地、被掳往异乡，仍能继续生存、发展，保持其传统习惯、宗教信仰。"一名著名学者这样说。

公元前75年，耶路撒冷犹太教公会族长西姆昂一本一舍塔赫颁布法令，规定犹太社区必须资助公共教育，十六七岁的青年都要接受正式的教育，教师由耶路撒冷任命。一个世纪后，第二圣殿最后一任大祭司耶霍舒阿一本一加姆拉重申前述法令，规定每一个犹太社团都必须设立学校，6 岁至 10 岁的儿童必须入学，在教师监督下学习，并规定在各地任命教师的制度。这一法令标志犹太教初级教育体制的建立。在此之前，儿童可在父亲的耳提面命下学习，但是失去父亲的儿童却无人教育。现在律法规定每个社团都必须出资聘请教师，以保障所有的儿童都能受教育。这一传统以后一直为犹太人所继承，并逐步为世界其他民族所接受，成为现代义务教育体制的先声。

犹太人的书，当被读得破旧不堪时，人们常常会挖个坑庄重地将其"埋葬"。每当此时，大人总要让孩子参与，以便让孩子对书产生敬畏之情。大人还会在经典书籍上涂抹些蜂蜜，让不认识字的幼儿去亲吻，使孩子从小就觉得书是甜蜜的东西，从而产生深深的喜爱之情。

犹太人称大山为"哈里姆"，称父母为"赫里姆"，称教育为"奥里姆"，这三个词出于同源。在他们眼里，老师与大山、父母同样重要，同样值得尊敬。

犹太人特别惜时。比如，当孩子问现在是几点钟时，大人总是以几点几分几秒来精确地回答，而不说"几点多了"等模糊概念。正因为如此，犹太人从小就有极强的时间观念。

公历的一天开始于午夜，这是世界多数民族的计时习惯。而犹太人的一天，则是从太阳落山时开始的。当孩子问为什么时，大人会回答说："将黑夜作为开始的人，他们的最后才是光明。"以此让孩子懂得要先吃苦，后享受。

有个犹太故事说，少年希勒尔很穷，他拼命工作，将挣得的钱的一半都送给了学校守门人，以求进入学校听课。后来他连一块面包都吃不上了，守门人再也不让他进入学校。于是，他就悄悄爬上教室楼顶，趴在天窗上听课。冬季的一天，天空是晴朗的，可教室里却很阴暗，后来学生们才发现，是希勒尔趴在天窗上，已经被冻僵了。这个故事后来演化成一句话："你比希勒尔还穷么？你比希勒尔还缺少时间么？"这句话常常被大人们用来激励孩子勤奋学习。

世界上不少民族都将胜利、喜庆的日子作为节日庆祝，而犹太人最盛大的节日是"逾越节"——纪念祖先在埃及当奴隶的日子。这天，大人要给孩子吃一种很难吃的、没发酵的面包和很苦的树叶，然后给孩子们讲祖先在埃及受辱的故事。

从上面列举的细节可以看出，犹太人的早期教育至少有五个亮点：一是爱书，二是尊师，三是惜时，四是吃苦，五是不忘本。这五个亮点在犹太人身上形成习惯，代代相传，才使得犹太民族群星荟萃，日趋强大。

每天读书给孩子听

即使孩子已经能够自己阅读，也还要读书给他听。有家长与他一起度过这段亲密时光，他们仍然会从中得到很多快乐。

犹太人重视学问、重视智慧、重视教育，在这些文化传统的影响下，以"书的民族"著称的犹太人对读书有一种特殊的爱好。

古时候，犹太人的墓园常常放有书本，他们认为，在夜深人静时死者会出来看书。生命有结束的时候，求知却无止境。犹太人家庭有一个世代相传的习俗，那就是书要放在床头。谁要是把书放在床尾，就会被人们认为是对书不敬。犹太人教导孩子读书的同时，还经常把世界上成功人物的爱书故事讲给孩子们听。

流散各地的犹太人，把掌握知识视作谋生的手段与资本。即使是一本攻击犹太人的书，犹太人也不禁读。犹太人爱书的传统由来已久，深入人心。在现在的以色列，处处都体现了犹太人嗜书如命的特点。

在犹太人看来，如果孩子发现读书是一种有趣而且顺利的体验，那家长就更应当在他心中植入读书的欲望。家长应该每天读书给孩子听，并形成定时读书的习惯。家长应选择有趣味性的书给孩子看，比如那些惹人喜爱的有漂亮插图的图书。孩子们喜欢有人物、场景以及他们熟悉的事物的图画和照片。同样，他们也喜欢动物图片。童话故事对孩子们来说是很有魅力的。它能促进孩子们的抽象思维和创造性思维能力。这些书一定要多读给孩子。

在给孩子挑选图书时，犹太人通常注意以下几点：

首先，给孩子们看的书篇幅必须简短，几页而已。因为孩子的注意力只能集中一小段时间。另外，这些书应有较多的插图，文字部分较少。孩子们大多喜欢那些有插图但是没有文字的图书。

要确保书中的文字部分容易理解。一本字号印得很大的书看起来简单，但却有可能包含难字、僻字，所以做父母的事先要把它浏览一遍，看看你的孩子能否理解接受里面的文字。

在读书给孩子听时，尽量把气氛搞得很轻松愉悦，这样他们会从中体会到更多乐趣。朗读时，让手指在你读过的字下移动，但不要强迫孩子跟随你的手指读字或者看这些字。

让他们猜测下一步将要发生什么，鼓励孩子注意图画中的事物。并且当他们这样做时，给予表扬。如果孩子要求的话，重复阅读某些书，一本他特别喜爱的书可以反复读给他听。

即使孩子已经能够自己阅读，也还要读书给他听。有家长与他一起度过这段亲密时光，他们仍然会从中得到很多快乐。此外，父母还要教导孩子爱惜书籍，保持书的整洁、美观，把书放在孩子房间里低矮的书架上以便于他们翻阅。

发现比天赋更重要

对于年幼的孩子来说，最重要的是教育而不是天赋。孩子的天赋是有差异的，然而这差异是有限的。即便是那些只有一般禀赋的孩子，只要教育得法，也都能成为非凡的人。

对于年幼的孩子来说，最重要的是教育而不是天赋。孩子的天赋是有差异的，然而这差异是有限的。即便是那些只有一般禀赋的孩子，只要教育得法，也都能成为非凡的人。

威特是近百年来德国少有的奇才。他8岁时能够自由运用德语、意大利语、拉丁语、法语、英语和希腊语等七国语言，并且通晓动物学、植物学、化学、物理学，尤其擅长数学。9岁考上莱比锡大学，14岁由于拒交数学论文被授予哲学博士学位，16岁又获得法学博士学位，并被聘为柏林大学法学教授。

可是，这样聪明绝顶的一个奇才，婴幼儿时期却是极傻的，连母亲和邻居都认为他是一个白痴。他妈妈当时还曾说："这样的孩子，教育他也不会有什么出息，只是白费力气。"然而威特的爸爸老威特却不这样看，他认为：今天的孩子大都受的是非常不完全的教育，他们的禀赋连一半也没有发挥出来。如果实施能发挥禀赋八到九成的有效教育，那么，即使生下来禀赋只有50的普通孩子，也会优于禀赋为80的孩子。他坚持用自己的方法教育儿子，没有多久，这个"傻孩子"就轰动了整个街区乃至后来整个德国。

正是老威特的教育方法，才使少年威特从一个别人眼中的"傻瓜"成为德国乃至世界少有的奇才。他的理论及成功的实践，给千万望子成才的父母增添希望和信心。

犹太拉比认为，家长应按孩子思维长项来寻找孩子学习和研究的领域。爱迪生偏向观察，于是选择发明；爱因斯坦的思考方式偏向直觉，于是选择理论物理。唯有用好自己的长处，才能找到最适合自己学习与创造的领域。

爱因斯坦在《自述》中说："我看到数学分成许多专门领域，每一个领域都能费去我们的短暂一生。因此，我觉得自己的处境就像布里丹的驴子一样，它不能决定究竟该吃哪一捆干草。"

意大利著名的天文学家、物理学家伽利略是中世纪的一颗明星。他在物理学方面的发现，打破了1700多年以来人们对亚里士多德的迷信。牛顿说过："如果说我能看得比别人远一点，是因为我站在巨人的肩上。"他所说的巨人，指的就是伽利略。

可是，有谁会想到伽利略年轻的时候曾一度想当修道士？这位科学界的天才差一点被埋没在修道院里。及时改变伽利略这个主意的，不是别人，正是他的父亲凡山佐。

那时候，欧洲的教育和科学都是神学的奴仆，许多学校都是附设在修道院下的。为了让伽利略做好进大学的准备，凡山佐把孩子送到修道院的学校去学习。伽利略在学校里受到宗教的鼓动，决心要当一个修道士，把一生都贡献给宗教。

凡山佐自己擅长数学。但是，那时人们并不了解数学的用处，连大学里都没有专职的数学教授。凡山佐又是一个作曲家和琵琶演奏员。但是，他也不能靠音乐来谋生，他只能开一个他不愿意开的小铺子养家糊口。在这种情况下，凡山佐当然不愿意儿子学音乐，也不愿意儿子学数学。他希望儿子成为一名医生。伽利略的名字"伽利里奥"，就是为了纪念他们的祖先——一位著名的医生而起的。

凡山佐当然不同意伽利略的这个错误决定。他知道这个孩子从小对任何事情都喜欢问一个"为什么"，这样的人是不会甘愿长期受宗教教条束缚的。而且，修道院中令人窒息的枯燥生活，也不是伽利略这样的人能够忍受得了的。他找了一个借口，说伽利略一只眼睛有问题，不能看书，把伽利略从修道院带回家中。

后来，经过凡山佐的耐心劝说，伽利略接受了父亲的劝告，改变了想当修道士的念头，进比萨大学当了学生。虽然他始终没有成为一名好医生，可是，他毕竟摆脱了做一个枯燥的修道士的命运。而且，他在比萨大学读书期间结识了一些数学家，开始观察和研究了一些物理学的现象，走上了科学研究的道路。

"知子莫若父"，如果没有凡山佐果断、及时而正确的引导，伽利略这颗科学巨星很可能埋没在修道院里。

同老威特、凡山佐一样，犹太人认为，孩子的不同爱好，或有益

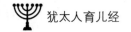

于身心健康，或有益于智力开发，或有益于个性形成，或有益于情操的陶冶。只有尊重和发展孩子的正当爱好，方有遂愿的可能。

每个孩子都有音乐才能

每个家长都应有意识地为孩子提供学习和欣赏音乐的机会，让孩子多多接触音乐。让孩子融入艺术世界，在艺术殿堂中发展个性、培养美感、完善自我。

据说，大卫王本人就有很高的音乐天赋，他不仅写出了许多气势磅礴的优美诗句，而且还能谱写出悦耳动听的乐曲。除此之外，他还是一位优秀的歌手和竖琴师。他为扫罗王及其三个儿子的壮烈牺牲所谱写的哀歌，长期流传在民众中间，感人至深。在大卫王执政时期，雇佣了大批音乐教师，开展音乐活动，普及音乐教育，从小培养儿童的音乐天赋，以便使他们或者能独立接待朋友，或者能参与集体活动，或者通过赞美上帝的恩典感化人们的心灵，或者通过自我娱乐领悟美妙音乐的高雅情感。

自古以来，犹太人就以酷爱音乐而著称。音乐在犹太教中有非常重要的地位，犹太人除了普通的读书之外，如果有条件，音乐学习是最基本的。犹太人特别喜欢学习小提琴，所以出名的小提琴家也非常多。世界一流的就有帕尔曼、祖克曼、明茨等。除了小提琴之外，犹太民族还向世界贡献了众多优秀的音乐家，如波兰作家兼音乐家瓦迪斯瓦夫·希皮曼、西方现代主义音乐代表人物安诺德·动伯格等等都是犹太人。

每个家长都应有意识地为孩子提供学习和欣赏音乐的机会，为孩子创造家庭及社会等不同的环境，如听各种音乐会，利用电视、音像手段，购置各种音乐像带，让孩子多多接触音乐。如果条件允许的话，可学学唱歌、跳舞、演奏各种乐器，更直接地接触音乐。让孩子融入艺术世界，在艺术殿堂中发展个性、培养美感、完善自我。

小孩一生下来就有不同程度的音乐才能——感知节奏、旋律或完美音调，而音乐在很大程度上是后天获得的技能。在音乐之家长大的小孩显然比那些没有同样环境的小孩更容易培养音乐上的技能。为了让你的小孩喜欢音乐，并不要求你必须是一位训练有素的音乐家。比较不同技能的学音乐的学生表明：父母越喜欢音乐，或者父母只是常听音乐，小孩在音乐方面的成绩就越好。在家中放一些乐器也同样会有助于培养小孩的音乐才能。

听音乐、谈音乐，随音乐做一些充满乐趣的游戏，甚至哪怕仅仅让小孩触摸一些乐器，都是激发小孩形成长时间对音乐感兴趣的重要组成部分。如果能播放贝多芬的奏鸣曲，对小孩都是极好的开端与鼓励，但这并不是让小孩热爱音乐的必要条件。有时，正当你和孩子一起分享音乐并告诉他音乐是多么有意思时，他要求你停止唱歌，你千万不要惊讶或失望，有时小孩只希望你成为听众而不是参与者。他希望自己表演。

儿歌与歌曲有着密不可分的关系。好的儿童歌曲常常是在好的儿歌基础上谱曲而成的，可以歌唱的儿歌也就成了儿童歌曲。具有教育意义和充满儿童情趣的儿歌伴随幼儿的成长，是幼儿喜爱的精神食粮。儿歌对于培养儿童的基本音乐能力具有重要意义，因为儿童音乐能力的培养可以从儿歌开始。

一位犹太教育家告诫家长对孩子的音乐学习不要有什么顾虑，不要怕影响学习。在孩子年级较低时，作业负担不重的情况下，让孩子们广泛接触音乐不但不会影响学习，反而有助于发展孩子的想象力和理解力。

尽早挖掘孩子的潜能

天才并不神秘，也不是望不可及，而是与生俱来的一种潜能，每

一个人身上都存在，只是后天的培养不当，潜能没有开发出来而已。

有学童而不教育的家庭，必将是一个贫穷的家庭。

孩子的童年决定他的终生，这在犹太人中是一个至理名言。

一个人是天才还是庸才，究竟是取决于天赋还是教育？这是一个在许多民族中有着争议的命题。但在犹太人中这个命题是没有争议的，他们认为一个普通的孩子只要教育得法，也能成为一个杰出的人。

伟大的科学家爱因斯坦在儿时，并不是一个十分聪明的孩子，天赋也不算高，四岁开始说话，在小学时因为学习成绩不好，教师曾要求他退学；而在他的家庭中，他母亲对他的音乐熏陶和他叔父对他进行的数学启蒙，培养了他杰出的形象思维能力，使他最终成为一名伟大的科学家。

在很多人的头脑中有这样一种概念，他们认为：孩子成长得好，是因为天赋优良；孩子不成功，就怪罪于先天不足，而不是去追究父母在教育方面的失职。

很多成功的教育事例说明，对孩子的教育开始得越早越好。他们认为婴儿就如同一张白纸，不具备学习与接受教育的能力；出生不久的幼儿就如同一只小动物，主要是吃饱，长身体，而不是学习，这是人们普遍存在的偏见。事实上，孩子从出生到三岁前，是一个最为重要的学习时期。因为这一个时期，孩子的大脑接受事物的速度和方法最快最直接。

一位犹太教育专家曾说过这样的话：

"人刚生下来的时候没什么两样，但因为环境，特别是幼小时期所处的环境不同，有的人可能成为天才或英才，有的人则成了凡夫俗子甚至蠢才。就算是普通的孩子，只要教育得法，也会成为不平凡的人。"

多数犹太教育家认为，婴儿在零至三岁之前的学习方式与长大后不同，前者是一种模式学习，即无意识学习，后者称之为主动学习，即有意识学习。了解这一点对开发孩子的潜能是非常有价值的。

如何塑造天才，如何发掘天才？最为重要的就是在生活中，要尽早挖掘出孩子的潜能。

生活中的天才是神秘的，事业上的天才更为神秘，这只是因为我们不了解天才是怎样出现的。天才并不神秘，也不是望不可及，而是与生俱来的一种潜能，每一个人身上都存在，只是后天的培养不当，潜能没有开发出来而已。

根据生物学、生理学、心理学等学科的研究，人天生就有一种特殊的力。它隐密地潜藏在人体内，表面上看不出来，这就是潜能。人人都是有潜能的，但人的潜能并不是恒定的、永存的，而是有一个潜能递减规律。

很多犹太教育家都有这样的看法，一个人的事业、社会地位、婚姻和财富，并不取决于某种单一因素，智商高的人不一定成功。同样，智商不高的人不一定不成功。但可以肯定的是，智商低的人肯定不幸福、不快乐，智商高的人则比较自由与快乐，而智商的高低恰恰与早教有着极大的关系。

犹太人中有一个好习惯，为了教育好自己的孩子，她们总是在不断探索教育孩子的方法。有了一种好的方法，她们就会毫无保留地传授给她人。她们认为教育好孩子是每一个犹太母亲的责任，也是一个母亲所应承担的民族责任。

尽早教会孩子说话

千方百计让孩子的头脑和身体得到充分而全面的开发。语言是思维的工具，如果不能尽早开始教孩子语言，孩子的头脑就得不到很好的开发。

犹太教育专家认为，尽早教会孩子说话，是发展孩子头脑灵活的有效手段。因此，父母必须早日发展幼儿的语言能力，因为语言能力乃是一切学习的基础和工具，语言能力的高低与智力测验的成绩关系极为密切，语言能力愈高将来大都能够学得更多、更快，而且不管做什么事都比较容易成功，因此父母应该与儿童多讲话、让他多听、多说、多学外文，而且买大量的故事书或卡片给他看，并教他认字，以便奠定未来成功的基础，但不必教他写字。因为许多专家都认为应该等到入小学以后，肌肉控制能力较成熟时才开始学写字比较适当。

犹太教育学家巴维总结自己对孩子的早期教育时说："人一生的教育再也没有比婴儿期更为重要的时期了。我们应该千方百计地让孩子的头脑和身体得到充分而全面的开发。所谓孩子头脑的开发就是指尽早地开始教孩子学习语言，因为语言是思维的工具，如果不能尽早开始教孩子语言，孩子的头脑就得不到很好的开发。我们若是在孩子6岁前加紧准确的语言训练，那么这个孩子的智能一定发展得很好。"

孩子从婴儿期起就开始注意人的声音和物品发出的声响，从这一点可以看出，对孩子进行早期语言教育是十分必要的。

科学实验证明，婴儿从6周开始就已经懂得声音，并对纸上的东西产生兴趣，尽管他们不懂内容，但是只要同他们说话或给他们朗读，他们就会做出反应。在犹太人家庭中，孩子从婴儿时起，大人就认为他们能听懂话，非常有耐心地同他们讲话。

很多犹太教育研究人员认为，多与幼儿谈话，即使他们因为太小还不会回答，仍然有助于启发他们的智力，使他们变得更加聪明。

耶路撒冷希伯来语言中心的华德博士说，为人父母者每天至少要花半个小时，与他们谈一些有趣味性的事情。父母在和幼儿谈话时最好消除所有背景杂音，以免幼儿分心。

犹太教育专家曾作过这方面的研究：对满2岁的儿童做智能测验，过了3年之后孩子满5岁时，对他们再做同样的智力测验，以便比较他们的智力差异。结果发现他们的智力发生了分化。于是，研究人员对智力上升和下降的孩子进行综合性调查。他们发现，在父母的职业、收入、居住环境等条件大体相同的情况下，孩子的智力发展的快慢，主要取决于父母与子女谈话次数的多少及语言的准确程度，那些说话相对"唠叨"的母亲的孩子的智力较高。也就是说，幼儿的丰富的语言刺激，是提高孩子智力的主要手段之一。

对孩子们来说，最初的人际关系，大多是母子关系。母亲在孩子的语言发展过程中，扮演着重要而且不可缺少的角色。

那些"唠叨"的母亲，没想到会获得犹太教育专家的赏识，当然她们有的是有意识的，也有本身如此。

专家们建议妈妈们经常对着幼小的孩子自言自语地说："我的小宝贝，快看，太阳出来了，多温暖呀！""小宝贝，时候不早了，该起床了！"类似的一些琐碎话语，往往成为刺激孩子语言发展的重要因素。

母亲们都喜欢抱着或背着孩子，由于身体紧紧贴着妈妈的身体，因此他们会获得一种安全感。这时，孩子的视线与母亲几乎一样高，比坐在婴儿车中，更有机会与母亲沟通。这对孩子的语言发展具有积极的意义。虽然孩子常常词汇贫乏，甚至幼稚笨拙，做父母要有耐心，要不厌其烦地与孩子交谈，聆听孩子的牙牙之语，并且随时加以指导。

我们知道孩子大都喜欢说话，有时候话还很多。这是因为他有一种强烈的求知欲与沟通欲望，它们促使他想得到或明白更多的东西。作为父母也要有强烈的愿望，让孩子多学一些动作。我们如何来教育孩子尽快掌握语言并且自如地驾驭语言，这是初为人父母应学的第一课。

一位成功的犹太人母亲高塔曼说："我们在教孩子语言时，语法并不是特别重要。在教孩子说话时，我只是把一些单词反反复复地说给孩子听，同时还把孩子所能理解的、有趣的故事用精选的词句组成短文，让孩子记住，孩子不仅能够记住，并总是高兴地复述这些短文。"

向胎儿传递爱的信息

父母应该把自己对孩子的强烈企盼变成语言，如"我们非常盼望你的出世""你将是我们的自豪"等，时常传递给孩子。

犹太人注重教育是世界所公认的，他们认为教育孩子并不只是停留在早期，在早期教育前还应该把握更为良好的教育时机，那就是胎教。

世界上第一所"胎教大学"诞生在以色列。这所"胎教大学"于1968年由一名叫雅伯尼的妇产科专家创办。这是一个具有时代意识的实验，它改变了人类的未来。

这所大学对五个月大小的胎儿进行胎教，课程包括语言、音乐、体育等，每天3次，每次5分钟。"学生们"在出生前，就可以得到一份校方颁发的毕业证。

这所著名大学毕业的第一名"学生"名叫施拉特，他是一个工人的儿子。小施拉特出生后4个月就会讲话，比一般孩子提前了6个月以上。到4岁时，他已能流利地讲英语和希伯来语。小施拉特喜欢同比自己大4岁以上的孩子玩，而且表现出少有的成熟。

"胎教大学"的其他"毕业生"，其表现也大都与众不同。这些孩子明显地更为聪明、伶俐，更容易理解数学和语言，并能更早地认识他们的父母。在听、讲、使用语言方面，均有上佳表现。

犹太教育家得出如下结论：胎教对孩子智能的发育非常有利。

通常，犹太民族的胎教包括以下三个部分：

一、向胎儿传递积极的情感信息

犹太教育专家认为，孕妇的情绪对胎儿的成长发育起着极其重大的作用，因此，他们设置的胎教方案首先调节孕妇的情绪，其次让孕妇把自己的积极情绪传递给胎儿，从而促进胎儿的综合发展。

有的犹太父母会给自己未来的"宝贝"先起好名字，这样在进行母子沟通时，母亲一边抚摸着自己的肚子，一边轻声呼唤自己孩子的名字，这种方式产生了非常好的效果。有一位母亲说："当我生产时，本来是难产，但那时我在心里呼唤我的女儿，是她给了我力量，结果孩子很容易地生下来，智力没有受到任何影响。"

犹太教育专家建议，父母应该把自己对孩子的强烈企盼变成语言，如"我们非常盼望你的出世""你将是我们的自豪"等，时常传递给孩子。

孕妇还可以购买一张漂亮男孩或女孩的大幅照片，贴在自己可以经常看到的地方，在自己头脑中形成一个清晰的印象，想象自己可以同化腹内的胎儿。

心想事成，你所希望的东西将潜移默化，你就一定会造就一个优秀孩子。

二、向胎儿传递音乐信息

妊娠末期，胎儿的神经系统的发育已经基本完善，在这一阶段，如果父母给胎儿听音乐或有意识地唱歌给他听，会收到意想不到的效果。

这时候可以放一些优美的古典音乐、儿歌、儿童故事、催眠曲等等，这对促进胎儿脑细胞的树突和轴突增长、增多，对宝宝出生后具有更加敏锐的接受、消化能力很有好处。

在唱歌时，一方面母亲可以陶冶自己的情操，获得愉快的心情；另一方面，母亲歌唱时的愉快心情会传递给胎儿，这一点是任何形式的音乐所不能替代的。

如果不会唱，母亲可以买磁带或其他有声材料，一边听，一边跟着哼唱。每天要多进行几次。

三、向胎儿传递运动信息

到 17 周时，胎儿就开始懂得自己运动了。这个时候的胎儿在母亲腹中会做一些动作。当妊娠 18 周时，母亲就能感觉到胎动了。

犹太教育专家这时开始对胎儿进行运动的刺激。实验结果表明，在宫内受过运动训练的胎儿，出生后翻身、爬行、坐起、及行走等动作明显早于一般孩子，他们后来所表现出的智力也明显高于其他孩子。可见，运动训练直接影响孩子的智力和身心的综合全面发展。

胎儿的运动训练从妊娠的三四个月开始，训练时孕妇仰卧，全身放松，先用手在腹部来回抚摸，然后用手指轻轻按腹部的不同部位，并观察胎儿的反应。此时的动作一定要轻柔，时间要短。

几周后，胎儿就能适应这种训练，会积极地做出一些响应，如踢腿等动作。

妊娠六个月时，胎儿的头部和肢体已经可以触摸得到。从这个时候开始，母亲可以轻轻地拍抚腹部，配合胎教音乐用双手轻轻地推摸胎儿，帮助他在宫内运动。这时候运动的时间也不宜太长，以 2 ~ 5 分钟为宜。

为孩子选择一所合适的学校

无论孩子是不是喜欢，他们都得学习这些与他们日后生活极为相关的技能，必须掌握加减法的运算与拼写单词，必须学会运用语法和标点符号的规则。这些都是学校所教给的，也是每一个犹太家庭所教给孩子的技能。

孩子从五岁到七岁左右，开始倾向于独立，开始接触外部世界。学校成为社会化的媒介。孩子在学校中可以考验自己的独立精神，开始接受旨在为成人的责任感做准备的正规教育。

耶路撒冷大学的杰瑞尼思伯教授说：

一旦孩子到了入学年龄，父母就得为孩子选择一所适合自己孩子的学校。至于如何选择，有哪些标准，他有如下阐述：

学校是否重视对特长儿童的教育？如果不重视，那么教育就是失败的。

学校是否制定了针对特长儿童的政策？

为特长儿童上课的教师是如何挑选出来的？他们的资历怎么样？为特长儿童上课的教师必须懂得超常孩子的心理、需要和个性本质。他们必须理解孩子，对孩子的超常行为与能力不嫉妒。因为，这些特长儿童需要经验丰富、能够理解和同情他们的教师。

针对特长儿童的课是怎样安排与组织的？针对特长儿童的教育每一星期进行多少小时？研究发现，全日制的教学计划是最令人满意和成功的。

专门适用于特长儿童的资料和书籍有哪些？针对特长儿童的课堂，应该有比普通课堂更为专业涵盖广泛的特长领域的教学资料。

特长儿童教育计划是否具有连续性？在孩子的整个求学过程中，能有一个专门针对特长儿童的、协调发展的教育计划是非常重要的。

特长儿童教育计划中的孩子们是如何选定的？这是一个技术要求很高的程序，需要受过训练的人员具有专门的技术。所使用的方法必须是公平的，以便孩子们每年都能够保证以实际情况进入或退出这些教育计划。

以上这些情况都是父母必须要知道的，这一切与孩子的发展是密切相关的，需要父母们时常与学校保持联系。

父母送孩子进学校的目的是为了让孩子获得三种技能，即阅读、写作和数学。现在以色列的学校是从生活技能到美容美发，从电器修理到烧饭做菜再到天体物理，总之是无所不教。因为他们明白无论孩子是特长儿童还是白痴孩子，都必须让他获得一定的生存技能。只有让孩子掌握了这些技能，才能让他们从事更为尖端的工作。他们必须尽可能早的获得这些技能。作为一个特长儿童，通常要比他们同龄的孩子早几个月甚至是几年的时间，去学习某种技能。

无论孩子是不是喜欢，他们都得学习这些与他们日后生活极为相关的技能，必须掌握加减法的运算与拼写单词，必须学会运用语法和

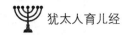

标点符号的规则。这些都是学校所教给的，也是每个犹太家庭所教给孩子的技能。

父母为了孩子的成功必须对孩子做出许多限制，以便帮助孩子度过通向事业的顶峰，让他们有所作为。所以犹太父母总是让孩子在玩耍与学习之间保持着谨慎的平衡。在他们看来，真正具有天赋的孩子是由追求成功的欲望驱动的，因为他们不需要父母或教师的不断督促。

在犹太学校每天的上课时间大约是6小时，大致从上午9点到下午的3点钟。另外根据孩子的年级和学校的位置，还要加上2个小时以上的时间让孩子用来玩耍和进行社交，另外还要用不少的时间用来吃饭、进行家庭活动、洗澡和做家务等。

给予什么就形成什么

婴儿从生下来那天开始就像吸入空气一样在吸收着知识，这个时候就应该把知识与空气一同给予他。只有这样，他的成长才是健全与完善的。

婴儿的早期教育是一种追随教育。在幼儿初学的关键期，一旦丧失了适当的教育，其损失将是无法弥补的。婴儿在出生时，其大脑皮质的以下部分与成人已经相差不大了，但大脑皮层还需要继续发育。

在耶路撒冷有一个叫艾尼克斯的孩子，他在几个月大的时候就大病了一场，昏迷了24小时之久。医生断言可怜的艾尼克斯的脑子已经受到了严重的损害。可他的父母没有被医生的话所吓倒，他们所要作的是如何让有病的孩子具有学到知识的能力，如何让孩子拥有想象的能力。

只要不让孩子这种智力消失还是有希望的。

艾尼克斯父母通过种种努力以及对孩子的永不放弃，使艾尼克斯在 16 岁时成了一个才华出众、反应敏锐、成绩优异的乐队指挥。

很多犹太教育家都有这样的看法：一个人的事业、社会地位、婚姻和财富，并不取决于某种单一的因素，智商高的人不一定成功。同样，智商不高的人不一定不成功。但可以肯定的是，智商低的人肯定不幸福、不快乐，智商高的人则比较自由与快乐，而智商的高低恰恰与早教有着极大的关系。

家庭是孩子学习与教育的起点。

婴儿时期的孩子犹如一张白纸，又如同是瓷器，小的时候就形成了他一生的雏形。幼儿时期就好比是制造瓷器的黏土，给予什么样的教育就会形成什么样的雏形。

教育必须由出生那天开始进行，因为婴儿从生下来那天开始就像吸入空气一样在吸收着知识，这个时候就应该把知识与空气一同给予他。只有这样，他的成长才是健全与完善的。

一个人在成长过程中，是具有某种智能发展最佳时期的。这个时期对孩子的将来起着关键性作用，作为父母，千万不能错过孩子的这一时期。如果抓住了时机，就是为孩子抓住了成功。

爬行阶段不可超越

爬行是孩子手脚并用的一个最好锻炼时机。

爬行是孩子手脚并用的一个最好锻炼时机。今天的孩子很少爬行，有多种原因。第一是很多父母认为孩子爬行是不文明的举动，父母限止孩子的爬行；第二个原因是公寓的住宅面积狭小，孩子练习爬行的场所极为有限。在今天没有经历过爬行的孩子越来越多。同时，五六岁仍旧不会说话的孩子也多了起来。

事实上，孩子的爬行、语言能力的迟缓及智能的发展，这三者之间有着极为密切的关系。

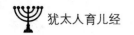

孩子的成长必经以下几个方面，如果不按部就班，跳过了某个阶段，就会成为孩子成长的极大障碍。

婴儿从零岁到一岁的这个时期，也必须经过下面这几个阶段：

孩子出生三个月，只能躺着，手脚乱动。此时的孩子处于脊髓上方延髓发育阶段。

孩子出生六个月，趴着爬行。此时的孩子处于再上方的脑桥发育阶段。

孩子出生十个月，会用四肢爬行。此时的孩子处于上方的中脑发育阶段。

孩子出生一年以后，会用手扶着东西走路。此时的孩子处于最上方的大脑皮质发育阶段。

上面这几个阶段与孩子的身体发育阶段是一致的。假如孩子跳过四脚爬行的阶段，而直接开始用手扶东西走路，这表示孩子第三个阶段的中脑没有发育完成，便进入了大脑皮质发育阶段。这种结果是在中脑未发育成熟时，就已经五六岁了，于是，在语言学习上就会发生问题。

要治疗这种孩子，其方法就是让他重新练习婴儿时期所省略掉的那一个阶段，让孩子充分爬行三个月，则原来尚未发育完成的中脑部分就会慢慢成熟。这对语言方面的能力极有助益。

孩子有一段时间喜欢手脚并用，就由他好了。不要认为这是一种返祖现象，父母切不可加以阻拦。

零岁到两岁的孩子，在家庭中最好建立一个爬行区，任由孩子折腾。千万不要设立围栏，这样只会阻碍活泼好动的孩子发展运动。

两岁前打手两岁后握手

没有什么比不用强制压迫，而给予正当动机的教育，更能收到良好的教育效果了。唯有以父母亲用心给予孩子深切的理解，才是正确的教育。

　　在犹太家庭中，"教育"一词在很多人看来多少有一种强制性的味道。在他们看来，婴儿乐于接受什么，厌恶什么，母亲应该知道，这才是作为母亲理应知道的事情。

　　比尔勒是一个让母亲感到失望的孩子，但这个孩子有一个最大的优点——当母亲给他讲故事时，他就一动不动地趴在母亲的腿上，听得十分认真。比尔勒的母亲为了使孩子能安静一会儿，每天总是用故事来引诱他。天长日久，母亲的故事激发了比尔勒求知的欲望，他的学习成绩不知不觉好了起来。后来他顺利地进入了大学，并成了全校的优等生。

　　比尔勒后来回忆他的成才经历时说："母亲的故事拯救了我！"

　　母亲的职责就是观察孩子的好恶，给予孩子所要求的刺激，如果母亲强迫孩子接受他不感兴趣的事物，只会起到负面的作用。

　　在生活中母亲的言语、心态、动作会很敏感地传给孩子，形成孩子的能力与性格。母亲的日常生活状态，就是对孩子的身教。母亲教给孩子的某种事物，固然是教育的手段之一，但不是所有的教育方式。

　　采取强制或勉为其难的方法教育孩子是最有害的。在童年期的儿童，特别容易受到暗示教育的影响。这个时期正是父母悄悄用自己的意志激发孩子意志，使他们发生变化的关键时期。

　　两岁前要打孩子的手，两岁后就得握住孩子的手。

　　东西方的教育方式有着一定的差异。在犹太教育中如果一个孩子，年轻的妈妈是绝对不会迁就他的，先是叱骂小孩，继而打他的屁股，然后，也不管孩子是哭是闹，夫妻俩竟自己吃起来，不再去理会孩子。这同时也是西方的一大教育特色。

　　这件事如果发生在东方，母亲的这种行为一定会被理解为冷漠，一定会被谴责。可是在犹太民族中这是一种极为正确的教育行为。在他们看来，孩子在两岁以前，脑组织尚未成熟与定型，大人对他施以动物性的反复管教，深具意义，而能做好这件事的却只有"管教严格的妈妈"。

在教育孩子中，作为父母必须知道，孩子不会拒绝大人施予的各种方式。在动物性管教期间，孩子大约在两岁之后就会有他自己的意志。这时候，也就是母亲停止做"严于教养的妈妈"的时刻。如果到了这时，仍然无视孩子的意愿，一味要他照着母亲的意思去做，势必引起孩子的反抗心理，一番热心教育的功夫都属白费。

孩子到了自我意识形成之后，也就是孩子两岁以后，严厉的妈妈就当是一个温和慈祥的母亲，这才是理想的妈妈形象。当然，以后，随着孩子长大，教育的方式也要随之改变。